陪孩子艺术启蒙

· 零基础家庭美育指南 ·

李瑾希 著

华中科技大学出版社
http://press.hust.edu.cn
中国·武汉

图书在版编目(CIP)数据

陪孩子艺术启蒙：零基础家庭美育指南 / 李瑾希著. -- 武汉：华中科技大学出版社, 2024.7. -- ISBN 978-7-5772-0940-1

Ⅰ. G78-62

中国国家版本馆CIP数据核字第2024GN9021号

陪孩子艺术启蒙：零基础家庭美育指南　　　　　　　　　　　　李瑾希　著
Pei Haizi Yishu Qimeng：Lingjichu Jiating Meiyu Zhinan

策划编辑：饶　静
责任编辑：肖诗言
封面设计：琥珀视觉
责任校对：刘　竣
责任监印：朱　玢
出版发行：华中科技大学出版社（中国·武汉）　　电话：(027)81321913
　　　　　武汉市东湖新技术开发区华工科技园　　邮编：430223
录　　排：孙雅丽
印　　刷：湖北新华印务有限公司
开　　本：880mm×1230mm　1/32
印　　张：6.75
字　　数：156千字
版　　次：2024年7月第1版第1次印刷
定　　价：68.00元

本书若有印装质量问题，请向出版社营销中心调换
全国免费服务热线：400-6679-118　竭诚为您服务
版权所有　侵权必究

父母是孩子最好的美育老师

你好，我是瑾希，谢谢你打开这本书。

我硕士毕业之后一直从事设计工作，做过品牌设计师和婚纱设计师，与家庭美育结缘还得从一堂艺术早教课说起。

那天，我带着8个月大的孩子上早教课，课程主题是艺术体验。老师分发完半成品材料，讲好规则，让孩子们"创作"。我惊讶于孩子们对艺术的好奇，每个孩子都非常专注地玩着材料，有些孩子敲敲打打，有些孩子涂涂画画，但是之后都被大人强行"引导"至"正确"的行为中去，最后在规定的时间内和家长们的"帮助"下，孩子们的作品都大差不差地完成了。老师很满意，家长也很满意，有些孩子一脸懵懂，有些孩子意犹未尽，有些孩子则完全没了兴趣。那节课让我感觉非常不适。

我不是美术教育行业的从业者，但是作为一名有艺术学习背景的设计师妈妈，我内心的声音告诉我，美育和艺术早教不该是这般

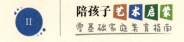

模样。

于是我前去请教了深耕于艺术教育行业的研究生同学，跟她们探讨了艺术教育的现状。她们有的面向高端客户群，有的在大众培训机构；她们作为艺术启蒙老师，培养孩子的目标也不尽相同，但是她们都表示在给孩子做艺术启蒙的时候，家庭的作用是很重要的，想只靠每周一两节艺术课程就实现理想的教育目标，其实是很有难度的。

回来之后，我尽可能多地搜罗了美育相关的教材、专著和论文，进行了大量阅读研究。在这个过程中，我逐渐意识到家庭美育和机构美育所承担的教育意义是完全不同的。机构美育不是每个小孩都必须接受的，但是家庭美育是值得所有孩子拥有的。只要家长意识到这一点，他们完全可以自己在家里进行美育，并达到事半功倍的效果。于是我的内心燃起了一股前所未有的使命感，我决定用自己的力量去实践和宣传家庭美育。

这本书是我在决定做家庭美育之后，所有关于家庭美育、艺术启蒙的思考和实践总结，主要针对有学龄前孩子的家庭，旨在帮助更多家长能够轻松地在家给孩子做艺术启蒙，可以说是一本零基础家庭美育指南。

木心曾说：无审美力是绝症，知识学问救不了。吴冠中也一针见血地指出现代社会：文盲不多，美盲很多。大师们早就开始提醒我们要重视美育，但是大众社会对于美育和审美力的关注还是比较少，原因是我们之前一直在解决生存问题，随着经济和社会的发展，未来的社会一定是"审美竞争"的社会。

打开这本书的家长，你们已经提前为孩子布局未来了。

为什么我坚持提倡家长自己在家里给孩子做美育呢?

·美育不仅在课堂上,更在生活里·

美育的目标从来都不是单一的,比如培养艺术家,而是让孩子获取能够化解困难的内心力量,能够滋养这股力量的不单是经典的名画和名曲,还有生活中点点滴滴的美——傍晚的云霞伴着和煦的清风,入夜时分树梢上的明月,一餐一饭里的审美与讲究,家庭布置中的格调与和谐。对美的感受就是由这一个又一个小小的瞬间组成的,能够陪着孩子细致感受这些的,首先是父母。只需用心感受,我们便能触摸到生活中的柔软与美好。美育不仅在课堂上,更在生活里。

·家可以是实施美育最好的地方·

家是孩子最有安全感、令人放松的地方。通常情况下,孩子在家里是没有防备心理的,表达也会更加顺畅。因此,家庭美育有先天的环境优势,孩子会更自在,艺术感受也能更自然地产生。

艺术教育家罗恩菲德说过:"家庭能给予孩子的最佳创作动机是一个安全且充满爱的和谐氛围。"家长不一定要用非常专业的理论知识指导孩子,但一个拥有"安全且充满爱的和谐氛围"的家,是实施美育最好的地方。

·在家创作,灵活性更强·

学龄前的孩子有自己生活和玩耍的节奏,在家里,家长可以顺应孩子的节奏或者根据孩子的心情选择家庭美育活动。当孩子最想

创作的时候，他们创作出来的东西才是最灵动的。

此外，比起在专业机构上课，在家里"上课"的时间相对灵活自由，孩子沉浸式创作的时间可长可短，可以以孩子的作品完成为创作的结束点，而不是"下课"时间到了就强制结束。

在家里，选择什么样的美育活动、使用哪种创作工具和创作方式都可以根据孩子的状态调整。创作是非常有个性的事情，没有标准化的流程，保证其灵活性很重要。

· 家庭美育让家长更了解孩子 ·

艺术创作与美术教学中所强调的具有美感的成品不一样，前者更注重创造过程中艺术对个人的影响，以及个人从美感经验中得到的感受美的能力。

很多艺术教育家也都提醒我们要更加关注孩子的绘画过程和这个过程中孩子的感受和成长，而不是过多地关注最后的成品。

在外面的机构课程中，我们只能看到孩子最终的成品，而很多不够专业的老师为了给家长更好的交代，也会更加关注成品而忽略观察孩子在创作过程中的思考。在家里就不一样了，我们可以全程参与孩子的创作过程，可以观察孩子是如何看待和理解事物的，从而更加了解孩子的思维模式和情感表达方式，加强亲子之间的联结。

· 增进亲子关系 ·

我经常在很多培训机构门外看到一排排低头玩手机的家长。他们付费把孩子送进一间间教室，自己获得片刻的"平静"，把自己和孩子的亲子时间都分散到各种培训班之中，美其名曰让孩子能在专业人士的指导下学到各种技能，其实是错过了一个又一个增强亲子关系的好机会。

在家里的地板上铺上一张大纸，和孩子一起玩颜料，一起涂鸦，一起撒欢儿打滚，根本不需要任何专业技巧，而且越没有艺术基础的家长，在和孩子一起创作的时候，两者的关系越平等，亲子之间是可以相互滋养的。这不仅实现了亲子陪伴，还能建立更深层次的亲子交流，这个过程会是令人非常难忘的亲子时光。

· 性价比高 ·

外面机构的艺术课程，一节课动辄几百元，时长还短，有时候孩子刚进入状态就下课了。但在家里，孩子不仅可以尽情地沉浸式创作，而且家里购买一整年的创作材料的费用比外面机构的课程费用低多了，性价比真的很高。

只要自己留心，还有很多美育资源都是免费的，比如博物馆的展览、商场里的艺术装置、公益音乐会等等。本书也会提供非常多的低成本美育方案。

· 写这本书的初衷 ·

我写这本书只有一个目的，就是让更多家长了解家庭美育的重要性，并且让他们知道在家给孩子进行艺术启蒙并不难。就像那句话说的：学区房不如你家的书房。我改写了一下：高价艺术课不如自家的艺术角。

相信我，在孩子6岁之前，美育不需要家长有很专业的艺术基

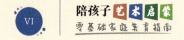

础，只要家长有心，就能奠定孩子一生的审美品格。美育可以给予孩子精神世界丰富的养料，让孩子拥有一股强大的力量，在面对波澜起伏的人生时，内心依然能够坚如磐石。

这本书会手把手地教零基础的家长进行家庭美育——告诉家长在家庭美育的过程中，他们应该扮演什么样的角色，如何制订家庭美育计划，应该为孩子提供什么样的材料和空间，怎样读懂孩子的作品，美育过程中如何帮助和引导孩子，有哪些亲子美育活动可以安排，以及家长在家庭美育过程中可能遇到的问题。本书最后一章还有家庭美育实验项目的内容，为家长提供不一样的美育思路。

跟着本书打开艺术启蒙的大门，你和你的孩子在美育领域绝对不再是零基础了！

接下来，让我们一起开启艺术启蒙之旅吧！

辑一 真正的美育从父母觉醒开始

1. 美育的意义：最好的人生观教育　　　　　　　　3
2. 艺术创造力：未来的核心竞争力　　　　　　　　8
3. 艺术启蒙时期：天才期是有时效的　　　　　　　13
4. 家庭美育路径：3步，从0到1开启艺术启蒙　　　20

辑二 生活即艺术：美育无处不在

1. 3种方式，帮助孩子发现生活之美　　　　　　　29
2. 3平方米，打造培养创造力的美育空间　　　　　35
3. 就地取材，在家庭中寻找材料和灵感　　　　　　45
4. 大自然，最好的灵感素材库　　　　　　　　　　56

辑三 走近艺术：一起看懂"美"

1. 看艺术展：为孩子的精神世界打下基础　　　　　65
2. 艺术素养：零基础如何给孩子讲艺术　　　　　　77

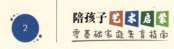

3. 共读绘本：性价比最高的艺术课　　　　　　　　　88
4. 美的感知：接触更多艺术形式　　　　　　　　　　94

辑四　了解你的孩子和他的艺术

1. 有迹可循：儿童的艺术发展规律　　　　　　　　115
2. 作品会说话：听见孩子的内心表达　　　　　　　121
3. 深度了解孩子：创造与心智成长　　　　　　　　127
4. 积极反馈：有效夸奖和无效赞美　　　　　　　　133

辑五　陪孩子玩艺术：双向美育

1. 亲子游戏：艺术游戏的选择思路及陪玩原则　　　145
2. 父母艺术力：10个亲子艺术游戏　　　　　　　　149
3. 想象力游戏：势不可挡的奇思妙想　　　　　　　161
4. 个人作品展：每件作品都精彩　　　　　　　　　167

辑六　不止艺术：项目制家庭美育

1. 跨学科美育：培养孩子的综合能力　　　　　　　175
2. 教育2.0时代：家庭项目制一点都不难　　　　　180
3. 探索更多可能：3个家庭美育实验项目　　　　　185
4. 教育误区：家庭美育十大常见问题　　　　　　　192

后记　孩子亦是父母最好的美育老师　　　　　　　　199

辑一 真正的美育 从父母觉醒开始

1. 美育的意义：最好的人生观教育

❋ 1.1　美育是什么？

是美术教育？是艺术教育？还是审美教育？其实，真正的美育包括这些但是不限于此。

目前，美育的定义在学术界还存在一些争议，因为没有一个定义能够完美地表述美育是什么，我们只能从不同的角度和侧重点出发，尽量全面地理解它。

我个人认为，蔡元培教授提出的美育概念对于家长来说会更好理解一些："美育者，应用美学之理论于教育，以陶养感情为目的者也。"相当于说，美育要渗进通识教育之中，并以情感教育为目的。另外，当代美学家祁志祥教授提出："美育是情感教育、快乐教育、价值教育、形象教育、艺术教育的复合互补。"这句话也能帮助家长更直观地了解什么是美育。

总的来说，美育是艺术教育、情感教育、快乐教育、人格教育、创造力教育等各种教育的复合体。

当孩子能自然而然地产生"悲落叶于劲秋，喜柔条于芳春"的触动，或是生发出"寄蜉蝣于天地，渺沧海之一粟"的慨叹，美就已经悄无声息地进入了他的心灵，浸润着他的人格。

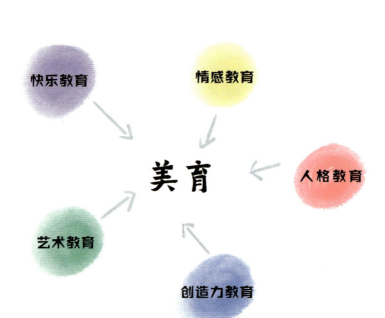

美育是各种教育的复合体

❀ 1.2 美育和艺术教育的区别在哪？

看完前面对美育的解释，美育和艺术教育就很好区分了。艺术教育可以说是一种学科教育，包含艺术理念和技巧，让孩子能够用艺术的方式表达和创造，而美育更像是一种思维和情感教育，它可以帮助塑造孩子的人生观。被美沁润的孩子，更能拥有感知世界、独立思考以及获得快乐的能力。比如，提升孩子对周围世界的敏感度，感受一团云的飘逸或厚重，感受一阵风的清爽或黏腻，这些属于美育，但不是艺术教育。

美育和艺术教育的区别

我非常认同蔡元培先生的那句话：美育是最重要、最基础的人生观教育。而艺术教育是实现美育的途径之一。

本书会以艺术教育（对小孩子而言主要是艺术启蒙）为基础帮助大家进行家庭美育，但是也会告诉大家其他的美育思路和方式。

❀ 1.3 为什么要做家庭美育？

培养身心健康的快乐小孩

近些年网络上不乏这样的问题：2020年，我国青少年抑郁检出率达到24.6%，为什么患抑郁的青少年这么多？他们受到了哪些因素的影响？

类似的话题下都有很多留言，有的话题下的留言数高达上万条，答案不尽相同，有人说是大环境的问题，有人说是父母教育的问题，有人说是孩子内心韧性的问题。

我个人认为，是美育不够普及的原因，让孩子感受不到这个世界的美，感受不到家庭的爱，感受不到自己存在的意义，于是他们在遇到困难的时候没有退路，在心灵受到打击和迷茫的时候没有坚定的内心力量与之对抗。很多人甚至根本感知不到自己内心真正的需求是什么，因此也找不到解决坏情绪的办法和释放坏情绪的出口。

美育的第一要务就是培养孩子的情感感知力，能够敏锐地感知自己的情感并且表达出来，同时家长要能及时地察觉孩子的情绪，并给予正面反馈，这样就能逐步帮孩子形成强有力的精神力量。此外，美育可以让孩子更易感知到世界里细微的美好。生活中点点滴滴的美好，也能成为孩子在身处逆境时有力的支撑。

我想，父母都希望培养出身心健康的快乐小孩，希望孩子在产生不好情绪的时候能够表达出来，在遇到困难的时候能够内心坚强。当孩子拥有了健康积极的人生观，他们很可能就不会被抑郁所困扰。

"美育进中考"政策逐步落地

中共中央办公厅、国务院办公厅在2020年10月印发《关于全面加强和改进新时代学校美育工作的意见》，里面明确提出："探索将艺术类科目纳入中考改革试点，纳入高中阶段学校考试招生录取计分科目。""到2022年，美育课程全面开齐开足。"根据教育部的解读，"美育进中考"政策已在多省试点，试点范围也将逐渐扩大。

虽然说艺术科目的学习效果不应只用分值作为评价标准，但是这个举措反映了国家和社会对美育的重视，是我们作为家长需要积极拥抱的趋势。

在孩子学龄前就开始进行家庭美育，可以给孩子打好艺术感知的精神底色，让孩子未来在艺术类科目上的学习能够更加得心应手。

让家庭氛围更松弛和美好

在家里，我们不用在意颜料把衣服弄脏，不必纠结用哪个颜色才是对的，不用去跟其他人比较，不用在意孩子创作的成品是否优秀。我们应该更关注孩子内心的感受和情感的表达，在艺术的熏陶下，家庭氛围也会愈加轻松美好，松弛的家长教育出来的孩子会更加自信活泼。同时，家庭美育也能让家长拥有相对放松的亲子时光，或许家长也能在这个过程中发现自己对艺术的兴趣。

好的家庭氛围能够对孩子未来的性格品行产生积极作用，因为家庭是孩子最初成长的土壤，孩子能够敏锐地感受到家庭里面非常细微的情绪分子，一个温馨、有爱、松弛的家庭氛围能够让孩子受益终身。

2. 艺术创造力：未来的核心竞争力

最近几年AI（人工智能）像飓风一般席卷全世界。2013年，牛津大学研究人员的一项研究结果显示：未来十年到二十年，在美国，大约47%的岗位有较大概率被计算机替代。

人类需要十年学完的知识，AI可能在极短的时间内就能融会贯通了，这意味着我们的孩子只有具备难以被AI替代的能力，才能在未来的社会里更有竞争力，不被时代淘汰。

不会被AI替代的能力是什么呢？毋庸置疑是创造力！

娜塔莉·尼克松在她的著作《创造力觉醒》中提出"创造力是第四次工业革命"。在这本书中，娜塔莉引用神经科学家巴尔德·奥纳海姆的观点，说明创造力是人类所独有的，是将我们与机器、机器人和计算机区别开来的本质特征。

上述来自牛津大学的研究也表明，在自动化和人工智能时代，具有创造性和艺术性的工作的重要性将得到提升。

❀ 2.1 怎么判断自己的孩子是否具有创造力？

孩子是否喜欢对问题进行各种猜想，即使猜错了也乐此不疲？

孩子是否对未知事物充满探索欲望？

孩子在做事或观察时，是否全神贯注，专注于有意义的行为？

孩子是否倾向于用直觉解决问题，而不是有逻辑地思考？

孩子是否不依赖既有观点，更愿意自行查明真相而非盲目接受权威？

孩子是否喜欢冒险？

孩子是否善于用比喻描述事物？

孩子是否有发散性思维，能提出多种解决问题的方案？

孩子是否会直接表达情绪和感受，而非隐忍不言？

孩子在玩耍时，是否喜欢尝试新玩法？

孩子在发现新事物时，是否有强烈的分享欲望？

孩子是否喜欢亲力亲为，而非依赖他人？

评分标准：

答案是肯定的计1分，否定的计0分。

总分越高，说明孩子的创造力潜能越优秀，5分以下的孩子需要家长注重培养其创造力。

以上测试题是根据前人总结的"有创意的儿童的10大特征"编写的。如果家长需要更精准的测试，可以去搜索"托兰斯测试"（全称"托兰斯创造性思维测验"，TTCT），这是目前比较权威的创造力指数测试。

如果测试分数比较低，是否就意味着家长没有办法培养孩子的创造力了呢？

答案是否定的，创造力指数不同于智商，完全可以依靠后天培养。

2.2 用艺术给创造力插上自由的翅膀

众所周知,创造力比较常用在科学领域和艺术领域,而在培养孩子创造力方面,艺术教育到底能够起多大的作用呢?

锻炼右脑,平衡左右脑

诺贝尔生理学或医学奖获得者、美国心理生物学家罗杰·斯佩里进行了著名的"割裂脑"实验,实验结果表明人的大脑分为左右脑,左脑是"理性脑"和"科学脑",是抽象思维,负责处理语言、概念、数理信息等,具有逻辑思维和分析整理的功能;右脑是"创造脑"或者"艺术脑",是形象思维,控制视觉形象、空间想象和直觉感受等,具有一定的创造性。

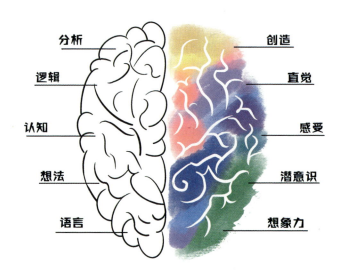

左右脑的不同功能

脑科学研究充分证明：如果左右脑能协调发展，就一定能够充分发挥主体的创造力，开发更多的创造潜能。而艺术教育恰恰最能调动艺术型半脑的积极性，与科学型半脑形成互补，将形象思维与抽象思维有机结合起来，使人脑左右两个半球平衡协调发展。

直觉思维，激发创造力

爱因斯坦曾说："我思考问题时不使用语言，而是靠生动有形的形象去进行，当这些形象形成一个完整的整体时，我再去花费颇多的努力表达它。"

艺术教育是一种形象思维教育，形象思维的训练有助于培养直觉思维。因为艺术活动是心灵和思维的自由运动，这种自由运动非常有助于主体整合各种资源信息和心理因素，从而迸发出创造性的灵感。

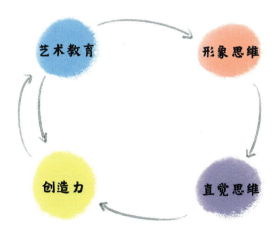

艺术教育、形象思维、直觉思维和创造力之间的关系

有研究表明，直觉思维与创造力呈正相关，很多科学和艺术方面的创造都来源于灵感、想象力或直觉。因此也可以说直觉思维是

创造力的源泉。

虽然我们一直在强调要注重美育而不要太拘泥于艺术教育，但是艺术教育确实是较为简单和直接地实现美育的途径之一。因此本书会从艺术教育的角度出发，偏重于分享如何培养孩子的艺术创造力，从而帮助家长实现高质量的家庭美育。

用艺术教育给孩子的创造力插上自由的翅膀，让孩子得到美育的滋养，成长为在创造方面具有竞争优势的人格健全的人。

3.艺术启蒙时期：天才期是有时效的

有教育家认为，所有的孩子生来都是天才，但是大多数孩子却在他们生命最初的6年里被磨灭了天资。

天才期，也被称为"关键期"或"敏感期"。

"敏感期"的概念由著名教育学家蒙台梭利提出，是指在特定时期内，孩子对某些事物或活动表现出强烈的兴趣，并能够有效地认识和掌握这些事物。一旦这个时期过去了，孩子对上述事物的兴趣和认识能力可能会减弱、消失，并且不会再次出现。因此，在敏感期中，孩子能够更好地学习和发展自己的一些能力。

蒙台梭利所说的敏感期，指的是孩子从出生到6岁的阶段。在这个时期，无论是学习知识、掌握技能还是形成习惯，孩子都表现得极为出色。他们对世界充满了好奇心，渴望获取新知识，总是充满创意，喜欢冒险。然而，随着孩子开始进入学校、接触社会，外界的诸多因素逐渐影响了他们，导致他们的很多内在能力逐渐消失。因此，很多教育专家都认为：每个孩子都有天才期，但天才期是有时效的。

艺术启蒙更是要把握住这一天才期，因为艺术需要创造力，在孩子创造力的巅峰时期进行艺术启蒙，必定会对其形成创造性的直觉思维大有助益。

0~6岁整个时期都是一个不可错过的天才期（敏感期），其中还分不同成长阶段：

年龄	敏感期	注意事项
0~2岁	视觉发育敏感期：0~6月处于黑白灰的世界 光线敏感期：7~12月进入色彩世界	可以尽可能多地在色彩和轮廓认识上给予孩子视觉刺激，促进孩子视觉神经系统及大脑的发育
2~3岁	空间感发展关键期：从喜欢扔东西到钻洞、爬高等探索空间的行为	在保证安全的情况下，让孩子更多地自主探索
3~4岁	色彩敏感期：认知大部分颜色，并且学会搭配和理解颜色	给孩子更多的色彩体验，并且给孩子选择颜色和搭配颜色的自主权
4~6岁	想象力关键期：能够联系现实事物进行创作	不要过多地引导和刻意教导，让孩子放飞想象力

那么在孩子0~6岁时，从哪一个时间点开始做艺术启蒙比较好呢？

❋ 3.1 口欲期结束——无意识涂鸦期

进行艺术启蒙的第一个关键时间点是孩子口欲期结束的时候。每个孩子口欲期结束的时间点可能有所不同，但通常在孩子约1岁半的时候。

一旦孩子不再将物品放入口中，我们就可以开始进行艺术启蒙。作为家长，我们需要做的就是为孩子提供足够且安全的材料以及合适的空间，其余的让孩子自由发挥即可（关于材料和空间，我将在本书辑二第2节进行详述）。重要的是材料要丰富多样，无须过于关注孩子最终创作出什么作品，而是要看他们是否完全释放天性、动作是否舒展流畅，以及他们的眼神中是否充满了好奇和兴奋。

在孩子 3 岁之前，我们都可以让孩子随意涂鸦。涂鸦对于孩子来说有非常重要的意义。著名艺术教育家维克多·罗恩菲德在他的著作《你的孩子和他的艺术》里面提到，对于儿童来说，涂鸦意味着开心、自得其乐、情绪释放，以及习得一种最重要的运动技能——动作协调。

在这个时期，家长也可以鼓励孩子多爬行。因为当孩子进行最开始的涂鸦时，他们需要以肩部为轴心，带动肩和手臂上下左右地运动，而爬行能够充分锻炼到这些部位，让孩子在涂鸦的时候能够更有力道，画出更加清晰有力的线条。

涂鸦能够帮助孩子协调动作，爬行运动能够帮助孩子更好地涂鸦，两者是相辅相成，共同帮助孩子成长的。

从心理层面来看，自由涂鸦可以帮助孩子表达和释放自己的情绪，让他们能够更加自信和笃定。在生理层面，自由涂鸦则可以锻炼孩子的手部力量，使其动作协调。

如果错过了第一个关键时间点，我们还可以关注第二个和第三个关键时间点。

❋ 3.2 能画封闭的圆——有意识涂鸦期

进行艺术启蒙的第二个关键时间点是当孩子能够画封闭的圆的时候。能画封闭的圆，标志着孩子的小手和手臂更有力气了，动作更协调了,孩子已经能够完成"捏"的动作,并且能够将眼睛和手结合起来。这也预示着孩子即将开启有意识的涂鸦阶段。

在他们的脑海里,万物皆可圆,圆代表一切。也正是在这个阶段,他们开始发现涂鸦动作和图像之间的关系,意识到自己可以在纸上创作有意思的东西。

一个圆一会儿是妈妈,一会儿又是爸爸,紧接着他们会把圆想象成各种不同的东西,我们只需要欣然接受,听孩子讲述他们的画作就可以了,千万不要纠正孩子的天真想象。要知道,当孩子能够画出封闭的圆时,这于他们已经是了不起的成长了,不要急于教孩子画具体的形象。

研究表明,孩子要到8岁左右才能模仿形象画画,在这之前,我们应该给予孩子足够的时间和空间,让他们自由发挥,尽情地探索和创造。

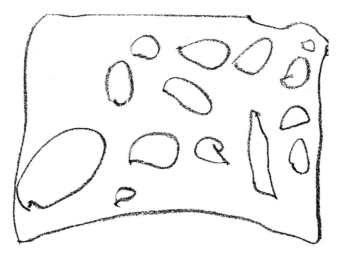

有意识涂鸦期——能画封闭的圆

❀ 3.3 能画太阳和表情——命名涂鸦期

进行艺术启蒙的第三个关键时间点是当孩子开始画太阳和表情的时候。孩子的画开始有了圆和线的组合，这是他们进入早期图式阶段的标志。画画对孩子来说不再只是身体的运动，而主要是意识的表达。这是形象思维形成的关键期，也意味着孩子正进入命名涂鸦期。

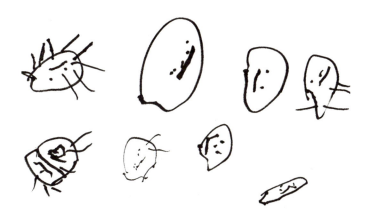

命名涂鸦期——能画太阳和表情

当孩子的思维和想象力都与涂鸦画面产生了联系，我们就要开始重视艺术启蒙了。众多心理学家的研究表明，4岁左右是艺术启蒙的最佳开始时间，也是孩子开始认识、理解色彩，发挥想象力的敏感期。此时家长开始陪孩子艺术启蒙，与孩子的自然成长阶段是相契合的。

在这个阶段，家长要做的就是不要让孩子的认知和创作拘泥于固定的内容或设定，比如天空一定是蓝色的，树一定是什么样子的,头发必须是某种样子的,等等,而是要让孩子自由地呈现脑海里的东西,不要给孩子过多地设限。

此外,我们要注意避免给孩子安排"填色简笔画"。填色并不可怕,可怕的是给简笔画填色。简笔画是大人对事物的简单概括,孩子过早接触简笔画,容易直接记住事物的主要特点,而不是通过自己的观察总结事物的特点,这会让孩子的观察能力和想象力受到过多干涉,影响他们的创作天性。以孩子目前的能力,他们是没有办法画形象简笔画的,孩子会更倾向于机械地涂色,而简笔画的形象轮廓强调了边缘意识,限制了孩子的填色动作,孩子的动作会逐渐谨慎,压抑本能的发挥,因此这一时期的填色简笔画对于孩子的艺术启蒙是百害而无一利的,请尽量避免。

这一节的内容并不是为了给家长带来焦虑,而是希望家长了解艺术启蒙的关键期是6岁之前,最早在孩子1岁半左右就可以开始了,根据实际情形,2~4岁、4~6岁都是很好的启蒙时间。家长并不需要做太多,只要有意识地关注孩子的发展,不做过多的干扰,就可以让孩子保持着天生的创造力和想象力进入下一个阶段。

著名心理学家、"多元智能之父"霍华德·加德纳提出了关于儿童艺术能力呈U形曲线的理论,大意是儿童早期绘画能力在5~6岁处于"U"的左高峰,之后孩子的艺术能力是呈下降趋势的,在约11岁到达谷底。之后,极少数人会走向专业艺术家的道路,成为"U"的右高峰,而大部分人的水平就那样停留在低谷状态,他们的绘画能力发展呈L形。

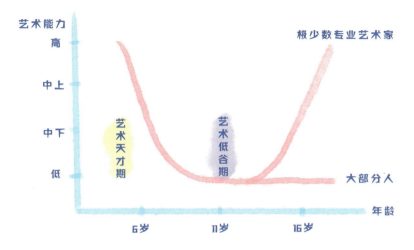

儿童艺术能力发展趋势

（改编自加德纳 U 形曲线理论）

这本书就是主要针对有 0~6 岁孩子的家庭的艺术启蒙解决方案。家长只要意识到艺术启蒙的紧迫性，并将不需要投入很多但是全家受益匪浅的美育项目安排上日程，跟着本书的节奏来，一定可以很好地抓住孩子的艺术启蒙天才期！

4. 家庭美育路径：3步，从0到1开启艺术启蒙

前文讲了家长不得不知的几个概念，包括什么是美育、艺术创造力的重要性和孩子艺术启蒙的最佳时期，最后想给大家看看家庭艺术启蒙的全貌。

本书不是一本专讲绘画启蒙的书，而是更多地探讨作为家长应如何帮助孩子做好艺术储备，培养孩子的审美力和创造力。因此，本书整个艺术启蒙的思路如下。

家庭美育3步走

❋ 4.1 感受美

在家庭美育过程中，我们最主要的目标是提高孩子的感知力，就像罗恩菲德说过的：对接触过的事物变得更加敏感，是创造性活动的重要特征之一。因此，我们在生活中要尽可能多地让孩子接受正向刺激，当孩子建立的"敏感关系"越多，他们对事物的认知也

会越精准，其精神世界也会更加丰富。

美国"创造力之父"保罗·托伦斯说，儿童必须有一个丰富的形象库，以助其创造力得以充分发展，这种品质对于艺术家，或是对于科学研究者、发明家、创意作家来说，都是必不可少的。而要培养感受美的能力并建立丰富的形象库，前提是需要一双会发现美的眼睛，发现生活中的艺术和大自然中的美。

家长需要做的就是先培养自己发现美的眼睛，然后在日常生活中引导孩子去发现。一餐一饭间的审美与讲究，一言一笑之间的情感交流与共鸣，那些细微之处往往藏着真挚的情感，待我们去觉察。此外，花木的萌芽、盛开与枯萎，河流的湍急与平缓，日月星辰的闪耀和暗淡……这些也都值得我们去仔细观察和感受。"感受美"的具体方法，可以参考本书辑二第1节。

❋ 4.2 学习美

学习美有三个步骤。

体验视觉美

学龄前的孩子没有必要学习专业的艺术技能，但是体验艺术是必要的，比如看展览。看展览是一种沉浸式的学习体验，可以调动孩子非常多的感官，能有效地提高孩子的感知力，配合一些活动和引导，孩子收获的不仅仅是视觉美的体验，还有认知能力和艺术鉴赏能力的提升。

了解美的原理

家长需要对基础的艺术语言有所了解，即知晓最基础的艺术要素，比如色彩、线条、形状、肌理、空间的概念及特点，还有艺术原理中的平衡、强调、比例、运动、节奏等等，这样就可以在适当的时候让孩子了解相关知识，提升其艺术素养。这些基础知识可以帮助家长和孩子理解艺术作品，在参观博物馆或者艺术展的时候知道如何观察、讨论。本书的辑三第2节对此有较为详细的介绍。

接触更多形式的美

除了绘画，家长应该鼓励孩子尽可能多地接触不同的艺术形式。艺术包括语言艺术、造型艺术、实用艺术、表演艺术和综合艺术等门类，每个门类下都有好几种具体的艺术形式。在辑三第4节我会用通俗易懂的语言解释这些门类是什么、家长如何帮助孩子感知这些艺术门类，为家长提供全面的美育思路。

❋ 4.3 创造美

在引导孩子创造美之前，我们先要了解孩子本身的艺术发展规律，只有了解孩子，才能带给孩子恰如其分的启蒙和引导。

我们要从孩子不同年龄阶段的艺术特征入手，通过细心解读孩子的作品，深入了解孩子的内心世界和心智成长。在此基础上，我会提供一些实用的引导方法和建议给家长，让家长可以更好地帮助孩子去自主创造美。

本书主要针对于学龄前的孩子，6岁之前的孩子没有必要学习艺术创作技法，更多时候是在游戏中感受艺术，发挥天性进行创作，因此本书会给家长提供一些艺术类游戏的思路、可执行的艺术类游戏方式，让孩子在游戏之中感受艺术的魅力，相关能力也得到锻炼。

完成感受美的阶段，孩子的感知力会得到提升，会容易感受到幸福；学习美阶段之后，家长和孩子的艺术素养都会上一个台阶；如果能帮助孩子完成最后一个阶段——创造美，家长在对孩子的艺术启蒙方面就已经成功了，因为这样的孩子能够从审美体验里获取生活的能量和情感的力量，这种能力可以成为一种动力、一种源泉，帮助孩子获得精神上的自由与成长。

在整个过程中，家长要做的就是三点。

提供合适的环境和材料

蒙台梭利有一个著名的"海绵说"——孩子就像是一块海绵，时时刻刻通过感官潜移默化地"吸收"周围的事物，其心智和行为也会发生微妙的变化。

因此，创建一个利于孩子成长的环境尤为重要。在家庭美育过程中，我认为轻松的创作氛围比独立的儿童房更加重要。不用追求孩子的创作空间面积有多大，这个空间可以是阳台，也可以是客厅的一角，只需大小合适、明亮，再加上一张儿童桌子、装在一个推车里的材料，就足够了。最重要的是，在这个空间里，孩子是拥有自主权的，是自由放松的、可以肆意表达的，那就是非常棒的空间。

关于材料的选择，我的建议是在家长的能力范围内给孩子尽可能多的尝试机会，因为丰富的材料可以刺激孩子的感官和兴趣，让孩子更愿意进行不同的探索和尝试。

鼓励自由创作

有一次我带孩子去给陶瓷素坯上色，因为我们贴在花瓶表面的立体图案特别多，老师建议上色时给瓶身留白，这样成品会好看一点。然而孩子坚持要把瓶身涂满颜色，我本能地想要阻止，因为我下意识地希望成品能更"漂亮"，但是我很快意识到，我这样做就是在无意之中剥夺了孩子自由创作的机会呀！就算孩子涂出来的颜色并不完美，甚至有些杂乱无章，那又有什么关系呢？她那么投入、用心思考创作出来的作品，就是独一无二的呀！

鼓励孩子自由创作

在展示作品的时候，其他孩子的作品成熟度很高，而我们家的作品显得"独树一帜"，这个时候就非常考验家长的心态。我们要明白，让孩子感受到创作的自由远比他完成一件成年人眼中"美"的作品更重要！

鼓励孩子自由创作，肯定他们用心的结果，不被外部评价左右，不仅能保持孩子的创作热情，更能培养他们独立思考和表达的能力。

尊重孩子的创作

其实对家长来说，最需要做的功课就是从心底尊重孩子的创作，这与我们在养育孩子过程中常常听到的一个理念是一致的：先接纳你的孩子！

只有无条件地接纳孩子的一切，家长的教育和引导才有意义。家长是否从心底接纳孩子，孩子是能够感受到的；我们是否真心尊重孩子的创作，孩子也是能够感受到的。

首先，我们要接受孩子创作的任何画面，接受孩子作品的多样性，只要是他们用心画的，都值得鼓励。其次，我们不能以自己的审美标准评价孩子的创作，而应把更多的注意力放在孩子创作过程中的思考和努力上。

以上就是家庭美育的路径和思路，我们要懂得发现生活中的美、自然界的美，然后去感受美、学习美，最终成为那个引导孩子创造美的人。作为家长，我们只需要给孩子提供合适的环境和材料，鼓励孩子自由创作，尊重孩子的创作，剩下的就交给孩子吧！

1.3 种方式,帮助孩子发现生活之美

古人云:"横看成岭侧成峰,远近高低各不同。"这就是说,我们要时不时地转换视角,这样往往能够发现不一样的世界。

比如那天空的云,你以为它们只是简单地飘浮吗?当你在晴空下行走,就会发现它们为大地投下了美丽的影子。还有那涓涓的溪流,你以为它只是在山谷间悄悄地流淌吗?当你在夏日走进山间,便会发现溪水与石头正嬉戏着,吟唱着自然的赞歌。

生活处处有诗意,当我们像诗人一样细心观察生活,每个人都可以成为生活美学家。

✿ 1.1 探索微观世界

每个孩子都会经历一个"微小事物敏感期",大多数宝宝会在1岁半到2岁经历这个阶段,有些孩子的"微小事物敏感期"会延期至4岁。在此期间,孩子对细微事物产生浓厚兴趣。他们特别喜欢用手抠东西、戳小洞,会对小东西特别感兴趣,总是捡地上的小碎屑,会观察小蚂蚁或者小虫子爬行,会收集小石头并视若珍宝。

作为家长,我们可以顺应孩子的成长规律,支持孩子对微小事物进行观察和探索,因为这是培养孩子观察微观世界的最佳时期。

在保证安全的情况下，我们应该给孩子足够多的自由，让他们尽情探索和发现微小事物，以激发孩子的好奇心和求知欲。

尽可能多地给孩子创造观察机会

日常生活中其实已经有非常多可供观察的场景，比如寻找蚂蚁小洞，在旁边摆上面包屑，观察蚂蚁是如何发现食物、如何呼朋唤友、如何合作搬食物回家的。除此之外，还有清晨叶片上的露珠、花瓣中的花蕊、叶片上的小虫等等，对这些微小的自然之物，家长都可以引导孩子去观察。

如果我们仔细观察盛开的白色三角梅，就会发现那纯白卷曲的花瓣纤薄透亮，上面布满褶皱和纹理，摸起来有一些纸质的感觉，但是又透着生命的柔软；绿色的叶子边缘泛白，很有层次。只要仔细观察，我们会发现大自然真是伟大的设计师。

在这个过程中，家长可以跟孩子一起观察，一起讨论，一起发现乐趣。家长还可以配合相关绘本或者纪录片，让孩子更加全面地了解所观察的事物。

久而久之，我们会发现孩子的观察力有了显著的提升，可以看到很多我们注意不到的事物，收获很多意外之喜。从此，孩子看待世界的角度变多了。

别打扰孩子的观察过程

孩子来到这个世界还没有多久，对万物都是好奇的。在好奇心的驱使下，他们会非常专注地观察、学习周围的事物，但是很多时候家长会有意无意地打断孩子的观察，比如频繁地提问或者直接因为其他事情粗暴地打断，孩子的专注力一下子就被分散了。之后有

辑二 生活即艺术：美育无处不在

白色三角梅

些孩子会继续观察，有些孩子则会失去兴趣。

众所周知，专注力在孩子的学习中扮演非常重要的角色，培养专注力的第一个原则就是不要总打扰正处于专注状态的孩子。因此，在孩子专注于观察的时候，只要不涉及安全和严重的卫生情况，我们尽量不要打断孩子的观察，除非孩子主动邀请我们参与讨论。

不要过早地刻意让孩子练习观察能力

我们可以引导孩子观察生活中的细微事物，但是没有必要刻意让孩子练习这一能力，比如把微小的事物罗列在孩子面前，指导孩子认知学习，这会让孩子失去观察的动力。我们应该利用孩子自发的好奇心，让他们主动观察和探索，最好是多带孩子去自然的环境中，孩子一定会给我们惊喜的。

❋ 1.2 取景框看世界

可以给孩子一个放大镜、一张剪成相框的纸片，或者直接教孩子用双手的拇指和食指，一反一正，比画出一个方框，让孩子用"有框的眼睛"看世界。

用这些工具或方法让孩子学着在有界限的区域中观察事物，不知不觉中，他们会开始根据观察的对象考虑焦点、构图（当然他们并不一定理解这些概念），做视觉的减法。如此一来，孩子看事物的角度发生了变化，他们看到的可能和我们直接看的就不一样了。

这个方法是摄影初学者学习构图的"土方法"，也非常适合用来帮助孩子尝试新的观察视角。在心理学上，不同的框代表着不同的心理框架，会改变人们对情境的认知，会帮助他们看到更多新的信息，从而产生新的想法。

总之，取景框不仅能够让孩子多一个视角来发现生活中更多的美，在心理层面还可以帮助孩子打开思维和想法。

天空取景框

❊ 1.3 用身体感知世界

要发现生活中的美,不能仅仅依赖眼睛,还应该调动我们全部的感官去感知。

在日常生活中,我们可以跟孩子一起感知日落月升、四季变换,并不断变化感知的方式,比如在日落的时候闭上眼睛,感受晚风和晨风的差别,比如冬天在户外张开嘴,尝一尝清冽空气的"味道",比如在海边漫步时,感受海风和海浪拍打的力量……

现在很多孩子被困在了钢筋水泥的封闭"丛林"里,生活里充斥着各种虚拟事物的刺激,电视、手机、游戏机成为孩子的主要消遣方式,他们不知道蚂蚁在地上行进的曲线路径,不知道小芽要花多久才能长成草木,不知道西红柿是长在树上的还是土里的……

在孩子的成长过程中,陪伴孩子从各种途径探索这个世界,感受生活中的细节和美好,是家长能够给孩子最好的美育。

美育不仅是艺术绘画、才艺表演,而更多地存在于日常生活和大自然之中。美在当下和未来。我准备了100件值得带着孩子去做的美育小事,跟孩子一起去感受这个美好的世界吧!

2.3平方米，打造培养创造力的美育空间

打造一个孩子专属的美育空间是家庭美育非常重要的一步。不必是大房子，也不必是独立的空间，只需要大约3平方米的区域就可以。这个区域可以在客厅，可以在阳台，也可以在任何方便的角落。除此之外，这个区域要光线好，最好有足够的自然光，这样既有利于保护孩子的眼睛，也可以让孩子感受、认识更准确真实的色彩。

下面让我们从环境到材料，一步步打造一个可以让孩子安心自由创作的家庭美育空间。

❀ 2.1 美育空间

建议低幼龄的孩子直接坐在地上（干净的地板或地板上面铺了纸板、布料等）使用画架，因为画架是竖着的，并有一定的倾斜角度，所以坐着面对画板进行创作，对孩子的脊椎发育好，也能锻炼孩子手臂的力量。如果觉得画架上的创作空间不够大，也可以直接把大的画纸铺在地上，让孩子肆意涂鸦。

对3岁以上的孩子，可以安置专门的绘画桌椅。桌椅应是适合孩子身高的儿童桌椅，桌面有足够的空间给孩子施展。桌面材质应

是安全塑料材质的，也方便擦洗；如果桌子是木质的，建议上面铺一层"软玻璃"或者方便擦洗的桌布，也可以使用可降解的一次性桌布。

❀ 2.2 收纳工具

建议使用移动小推车和收纳小盒子来收纳孩子的绘画材料，可以给桌面腾出足够的空间，而且孩子自己也能轻松推动小推车，这样可以让孩子形成主动参与收拾的意识。

在孩子绘画的时候，不要介意孩子把材料摆得到处都是，要引导孩子在创作完成之后自己将材料归位、整理好。

材料收纳小推车

❋ 2.3 安全轻松的环境

在家庭美育空间,我们要做好让孩子自由大胆创作的准备,提前做好保护措施,比如可以在创作空间的墙面贴上墙纸或挂上布、给孩子准备绘画专用的罩衫、选择成分安全的可水洗绘画材料等,这样父母可以省不少心。

只要安排好这些,并随时查看,家长就可以放心让孩子自由创作。不要在意孩子弄脏了衣服,不要在意孩子把颜料弄得到处都是,哪怕出现了超出预期的喷溅情况,也切记不要过于惊讶或紧张,以免增加孩子的心理负担。如果多次受到约束和苛责,孩子会逐渐失去创作的乐趣和兴趣。

❋ 2.4 材料选择

著名教育家艾略特·W.艾斯纳在《艺术与心灵创造力》里强调:"好的艺术教学技巧之一,就是了解怎么获得和安排学生所需要的工具和材料。"如果你是艺术教学老师,你就要明确知道哪些材料适合什么年龄段的孩子,这样教学效果才会事半功倍。

对家庭美育而言,道理也是一样的。在材料选择上,除了成分安全之外,最重要的就是要符合孩子的发展阶段。

下面是一份根据不同年龄阶段的孩子的发展特征,我认为可以推荐的艺术创作材料清单,供家长参考。至于以下材料是否都可以尝试,还需要家长根据具体的环境和孩子的兴趣等因素进行判断。孩子在进行创作,尤其是使用体积较大或有一定危险性的工具时,家长应在旁陪同、观察,必要时给予安全指导。

年龄阶段	画笔	颜料	纸张	辅助工具	其他材料
3岁以下	点点笔、蜡笔	手指画颜料	普通画纸、画布	大刷子、滚筒	自制橡皮泥
3~6岁	彩色水笔或马克笔、旋转蜡笔、彩色铅笔、水粉笔、黑色签字笔、勾线笔等	可水洗颜料、石英砂(绘画用)、油画棒等	普通画纸、素描纸、水彩纸、彩卡纸、其他特殊纸张等	儿童剪刀、固体胶、保鲜膜等	超轻黏土
6岁以上	各种笔都可以让孩子去尝试,孩子自行选择即可	水粉颜料、水彩颜料、丙烯颜料、油画颜料、国画颜料等	各种纸张及画板、画布都可以尝试	热熔胶枪、硅胶镘子、硅胶刮刀等	木材、雕刻材料、泥塑材料、植物染料等

画笔选择

给孩子选择笔应遵循的原则是"年龄越小,笔尖越大"。因为越尖的笔安全系数越低,并且线条越细,不适合低幼龄的孩子创作。对于3岁以下的孩子,推荐使用点点笔和蜡笔。

(1)点点笔

点点笔的笔身设计符合小孩子手部的人体工程学,方便孩子抓握和用力。用点点笔进行绘画的方式也很简单,点戳就可以了,符合低幼龄儿童的动作习惯。

(2)蜡笔

蜡笔的可选择性比较多,可以根据孩子的年龄和兴趣进行选择。推荐选择笔身好抓握的、防水的蜡笔。

蜡的材料也有软硬之分，硬的相对难着色，需要孩子比较用力才能画出痕迹，适合绘画兴趣浓厚的孩子，还可以锻炼孩子的手部力量。如果孩子的绘画意愿不是很强烈，建议购买软一点的、好着色的蜡笔，这样孩子可以轻松画出图形，帮助激发孩子的绘画兴趣。

孩子3岁之后，可选择的材料就多了。只要孩子愿意，家长可以在能力范围内尽量给孩子尝试不同类型画笔的机会。

（3）马克笔

马克笔一般有两头：一头扁粗，适合涂色；一头圆尖，适合画线条。

马克笔分为水性的、油性的和丙烯的。油性马克笔和丙烯马克笔的覆盖力会强一点，水性马克笔（彩色水笔）的色彩相对柔和，色彩融合性也强一点。建议先给孩子安排水性马克笔，这样孩子如果弄脏了手、脸、衣物，也相对好清洗一些。等孩子不怎么会弄脏自己的时候，就可以安排油性或丙烯马克笔了，因为好着色，所以可玩性会多一些。

（4）彩色铅笔

彩铅分水溶性的和油性的，建议给孩子首选水溶性的。彩铅的形状跟铅笔差不多，因此比较适合学龄前的孩子。彩铅的优点是颜色丰富、质地细腻，可以画比较细致的内容。

（5）水粉笔

当孩子开始接触颜料时，家长就可以安排水粉笔了，就是类似毛笔和小刷子一样的笔，安排顺序是先大后小，小一点的孩子用大笔，大一点的孩子用小笔。

初期不必纠结用什么品牌，能用、不掉毛就可以了，性价比最高的是尼龙材质的画笔，比较耐用而且便宜。慢慢地，等孩子画画的水平和兴趣有所提高，家长就可以安排一些动物毛材质的水粉笔，让孩子体验不同材质的水粉笔画出的不一样的肌理感。

关于画笔选择，有一个小建议：家长在买马克笔或者彩色铅笔的时候，尽可能地多买不同颜色的笔，让孩子认识到每种颜色都有非常多的相近色，让他们在绘画过程中体会相近色的差异与特点，感受天蓝的纯净和深蓝的深邃，了解橘红的炽热和粉红的甜美。

马克笔、彩色铅笔和颜料不一样，不能调色，也就是做不了色彩融合练习。因此，直接给孩子更多的颜色选择，可以增加孩子对色彩的敏感度，丰富孩子的色彩储备。之后，在孩子接触颜料的时候，鼓励孩子调出更多的颜色，当他们脑海里的颜色够多，他们就会尝试调出更多的颜色。

颜料选择

按年龄大小，建议颜料的安排顺序是这样的：手指画颜料—可水洗水粉颜料—水彩颜料—丙烯颜料—国画颜料。

（1）手指画颜料

手指画颜料的安全系数是相对较高的，这种颜料可以直接与皮肤接触并且成分一般达到了可食用级别，很适合低幼龄的宝宝。大部分商家还会在其中加入一些苦味剂，避免孩子吞食。因此，要选择正规品牌的产品，这样家长也能放心一些。手指画颜料的质地有点像浓稠一点的面霜，孩子也易于接受。

（2）可水洗水粉颜料

水粉颜料的成分基本上是色粉和胶，可水洗水粉颜料中的胶就是水溶性的，安全系数会高一些，同时也好清洗。

建议给6岁之前的孩子用儿童专用的可水洗水粉颜料，颜色不用很多，保证红、黄、蓝三原色，再挑选几个孩子喜欢的颜色就好，可以不超过12种颜色，因为水粉颜料是可以调出其他颜色的。

（3）水彩颜料、丙烯颜料和国画颜料

这三种颜料都适合学龄前的孩子，水彩颜料和国画颜料的特性很相似，着色力比较弱，并且要搭配不同的水量来使用，因此需要孩子学会掌握调色技巧。

此外，水彩画和国画对纸张有一定的要求，都需要用特定的纸才能达到效果。丙烯颜料的覆盖力很强，不挑纸张，甚至可以在帆布、石头、陶瓷等各种材质上作画，不过相对来说没有那么好洗，如果粘在衣服或者头发上会很难洗掉。如果孩子想要玩丙烯颜料，家长一定要在孩子作画过程中多加关注。

纸张选择

孩子越小，越不挑纸张，能画就行，纸张的尺寸应选择尽量大一些的。孩子越大，绘画用纸越讲究，最好和绘画材料配套使用，尺寸根据实际作画情况选择。

专业的常用纸张分为以下3类。

（1）素描纸

素描纸表面的质地有些粗糙，这样设计是方便铅笔留痕和更好地着色。素描纸分不同的厚度，大体来说是越厚越好，更能承受作画者反复的修改和调整。素描纸最适合铅笔、彩铅、蜡笔、油画棒，画出来会有颗粒感，其次适合马克笔、签字笔、水粉笔，不适合用来画水彩画和水墨画，因为它不吸水，无法达到理想效果。

（2）水粉纸

和素描纸一样，水粉纸也分不同的厚度。通常来说水粉纸的克重越大，纸张越厚，厚的纸可以经受得住反复涂抹。另外纸张越重，表示里面的纤维素越多，足够的纤维素可以保证纸张良好的吸水性，使画面的色彩保持得久一点。克重为300克的水粉纸比较适合新手。

水粉纸也有不同纹理，有竖纹的、圆形凹点的和不规则纹理的。不同的纹理都是为了限制颜料的流动，以实现画面的肌理感。选什么样纹理的纸，一般看个人喜好。

用水粉纸绘画的话，建议用胶带把纸张固定在画板上，因为纸张遇水容易卷翘，作画时固定好纸张的四角，等画面干透之后再取下即可。

（3）油画框

如果家长觉得用水粉纸有点麻烦，还可以给孩子安排油画框。油画框是在木架子上绷了棉布或亚麻布的画布和板子一体的画框，如果孩子画得好，都省了装裱步骤，直接是一幅完整的作品了。

棉布材质的画布表面细腻一点，适合水粉颜料和马克笔，亚麻材质的画布表面粗糙一点，适合油画颜料和丙烯颜料。建议先买棉布材质的。

还有一种类似油画框的油画板，是把油画布固定在纸板上，用起来和油画框一样，但是画框本身会薄很多。因为画布是覆在一层纸板上的，遇水可能会有一些卷边，但是性价比相对来说会高一点，外出携带也很方便。

其他工具和材料

在孩子3岁之前，家长可以只给孩子笔和纸；在孩子3岁之后，家长就可以多让孩子尝试不同的工具和材料，比如儿童剪刀。儿童剪刀的头部一般都是用塑料包裹的圆弧形，相对安全；使用剪刀可以很好地锻炼孩子的手部动作，一般来说孩子对此也是感兴趣的。此外，尺子、固体胶、双面胶、点点胶、彩色卡纸等手工工具也都可以安排上。不仅剪刀最好是儿童专用的，其他的工具和材料也应尽量选择安全系数较高的。

如果孩子在平面上已经做出很好的创意，家长还可以安排一些立体材料，让孩子的创作从平面转到立体空间。可以引导孩子用日常生活中的物件比如卷纸芯、废弃的快递盒、一次性筷子等去搭建"建筑物"，让孩子独立思考，发挥想象力和创造力，变废为宝。还可以给孩子安排彩泥和超轻黏土一类的材料，让孩子通过揉搓，感受和制作立体的事物。

6岁以后，孩子可以正式参与比较专业的艺术课程，但是材料选择的原则还是一样的——不要局限于工具和材料，让孩子尽可能多地去尝试。

❀ 2.5 展示区域

家长要为孩子提供一个保管和展示作品的空间，一个特定的区域用来收纳、摆放孩子的作品。保管孩子的所有作品是对孩子作品的基本尊重，也会让孩子感到被重视。除了将孩子的作品收好，还应让孩子自己选择几幅比较满意的作品，摆在显眼的位置，作为展示品。这样做可以提高孩子的荣誉感和获得感。请注意，用来展示的作品必须是孩子自己选择的，而不是我们评选的。

干净明亮、氛围宽松的创作空间，安全合理的保护措施，灵活方便的收纳工具，合适且足够的材料，再加上一块展示区域，就是一个要素完整的美育空间。这个空间的负责人是孩子，我们只需给孩子足够的自主权和创作的自由。这样的家庭美育空间，不仅能让孩子在成长过程中增强自主性、充满创造力，也会给一家人留下非常多美好的亲子记忆。

3. 就地取材，在家庭中寻找材料和灵感

只要我们留心观察周围的日常物品，就能发现它们的潜在用途和美学价值。

将家中的杂物、旧物件和自然材料变为和孩子一起创作的灵感之源吧，比如在客厅铺上一张大纸，一起撒欢儿、涂鸦；在厨房里把水果切成特别的形状；教孩子闭上眼睛，闻一闻食物的气味，摸一摸菜叶的纹理，感受食物的味道；与孩子互相感受彼此的心跳，体会生命力的节奏；和孩子一起在起雾的镜面或窗户上画出微笑和爱心；和孩子一起，将一双旧袜子改制成可爱"搞怪"的布偶；用牙签和彩泥（或超轻黏土）建一座"摩天大楼"……

闲置的衣服可以用来裁剪、拼贴，制成抱枕，拆过的快递盒可以用来制作城堡，不用的袜子可以用来做成玩偶，等等。通过这些亲子创作，亲子关系也在交流、陪伴、感受中升温。

就地取材不仅能够激发家长和孩子的创造力，还能够帮助孩子理解环保和可持续发展的概念。通过利用家庭中多余或不用的材料，我们可以减少浪费和消耗，同时给物品赋予新的价值。

❀ 3.1 水果拼盘

孩子2岁左右时,就可以让他们参与厨房的日常活动了,前提是家长要创建一个适合孩子参与的安全环境。给孩子安排工具,应选择适合孩子抓握的、材质安全的,如木质黄油刀、硅胶刮刀。另外,一起参与厨房活动的时候,为孩子准备稳定的增高凳或者是蒙氏学习塔,会更安全一点。

做水果拼盘,一开始可以让孩子凭直觉去摆放,之后可以适当引导孩子摆出动物或某些事物的形状。水果拼盘不仅可以锻炼孩子的动手能力,也能启发他们的创造力和想象力。

在水果的选择上,建议选颜色鲜艳、形状不一的水果,种类多一点,更有搭配和创造的空间。另外可以买一点用作"眼睛"的小糖豆,让水果拟人化会更有意思。

建议让孩子参与做水果拼盘的全过程,包括清洗和处理水果,然后让孩子自由组合,尝试不同的搭配。我们可以引导,但是不要过多地限制孩子。他们不一定要搭配出具体的形象,只要是孩子独创的,都值得鼓励。

最后,有仪式感地邀请家庭其他成员一起品尝水果拼盘,分享制作过程中的快乐和成就感,整个过程就是有趣、轻松、具有创造性思维的美育活动。

辑二 生活即艺术：美育无处不在

水果拼盘

✱ 3.2 果壳瓢虫

吃过的坚果的果壳可以用来做小型创作，比如夏威夷果的果壳可以做成风铃，还可以涂上颜色，做成"七星瓢虫"；开心果的果壳可以做成花束和小鸟的造型。和孩子一起从简单的开始做起，用简单的涂色、粘贴等方式就可以完成很多作品。重要的是，通过这一过程，启发孩子想到生活中的很多小东西都可以利用起来，发挥他们的想象力，感受身边一事一物的美好。

这里分享一个用夏威夷果果壳制作"七星瓢虫"的方法：吃完夏威夷果，我们挑选出切面相对平整的果壳，然后用丙烯颜料或者丙烯马克笔给半圆面涂上红色、画上黑色中分线和黑色小圆点，再用手工白胶将它们粘贴在卡纸上面，最后用黑色签字笔给它们画上头部、小触角和小腿儿。

在制作和绘画之前，我们可以搜索真实的七星瓢虫的照片，跟孩子一起观察、总结七星瓢虫的特点：斑点是如何分布的？头的形状是什么样子的？它们的眼睛在哪里？它们有几条腿？

果壳瓢虫

3.3 药片盒"小眼睛"

用过的铝箔包装的药板不要扔,可以制成"小眼睛"。

所需材料:不用的铝箔药板,黑色黏土或者橡皮泥,手工白胶。

制作方式:把铝箔药板背后多余的铝膜撕干净,然后把黑色轻黏土或橡皮泥搓成小圆球,当作"眼珠子",再把黑色小圆球一个个地分别放进药板的小凹槽——"眼眶"里面,接着用手工白胶把一张白纸粘贴在药板背面,最后把这些"小眼睛"一个个地剪下来,成为孩子作品里的一部分。

用药片盒"小眼睛"进行绘画创作

❊ 3.4 云朵灯

家里如有闲置的抱枕,可以拆开后掏出里面的填充物(常见的有PP棉和珍珠棉等),制作漂亮的云朵灯,装饰孩子的房间。

所需材料:一个透明的塑料瓶子,抱枕内芯(填充物),胶枪,毛线或者透明鱼线,可以戳洞的工具。

制作方式:用合适的工具把塑料瓶子的首尾两端各戳出一个小洞,然后用毛线或透明鱼线穿过瓶子首尾端的小洞,在洞外打几个绳结以固定住瓶子,预先在瓶子里放入手工灯带(如果有太阳能的小灯带会更实用),还可以把瓶子朝下的一面再戳出一些小洞,用来悬挂吊坠(铃铛、贝壳、剪纸、折纸作品等),再用胶枪将抱枕里的白色填充物粘满整个瓶身,最后找到合适的地方悬挂起来即可。

能够把没有用的东西利用起来,变成一件有用且好看的物件,不光是孩子,家长也会特别有成就感吧!

棉花云朵灯

❀ 3.5 袜子章鱼

所需材料：旧袜子，抱枕内芯（填充物），丝带或皮筋，小眼睛（制作方法见前文），儿童剪刀，手工胶水。

制作方式：在袜子前端塞上填充物，然后把填充的这部分用丝带或者橡皮筋扎起来，作为章鱼的脑袋，"脑袋"下面的部分就用剪刀剪成一条条的，像章鱼的腿一样，最后在章鱼的头部贴上"小眼睛"或者孩子喜好的装饰物即可。

袜子章鱼

3.6 "火山大爆发"

所需材料：一次性水杯，白醋，小苏打，食用色素，锡纸。

制作方式：最简单的方式就是拿一个一次性水杯，先往里面倒入少量小苏打和食用色素，再往里面倒入白醋，就可以带孩子观察神奇的事情了！如果想要实景感更强一点，还可以用锡纸包裹一次性水杯，做成火山的形状。

"火山大爆发"

❀ 3.7 餐巾纸纹样画

餐巾纸是我们日常生活中很常见的物品,但是也能用来给孩子创作出不平凡的作品。

所需材料:餐巾纸,马克笔或彩色水笔。

制作方式:把餐巾纸对折2次或3次,然后用不同颜色的马克笔或彩色水笔在上面画点和线,什么样的颜色和形状组合都可以,画完之后打开纸巾,就是一幅充满创意的彩色纹样作品了。

餐巾纸纹样画

当孩子善于发现生活中点点滴滴的美好,并且将能够利用起来的物件进行二次创作,那他们一定热爱生活,明白生活就是艺术,艺术来源于生活,这是家庭美育的重要课题之一。让我们跟孩子一起去发现日常生活中的材料和灵感吧!

4. 大自然,最好的灵感素材库

爱默生曾经说过,培养好人的秘诀就是让他在大自然中生活。

随着现代化发展和科技的进步,移动互联网和智能手机已成为人们生活中不可缺少的一部分,如今短视频泛滥,更是让人们被困在充斥着娱乐化、碎片化信息的虚拟世界里,远离了山川河流、森林原野,注意力被无限分散,长期与大自然隔绝。

偶然间看到一本书《林间最后的小孩》,里面描述的场景跟我们现在的生活一模一样,现在的情况甚至更加严重。孩子跟自然的关系越来越远,"自然缺失症"越来越严重,以至于可能出现孩子的感官退化、肥胖率增加、注意力紊乱、抑郁情绪等影响孩子身心健康的情况,间接地影响孩子的道德、审美和智力的成长,因此我非常想呼吁城市里面的家长重视帮助孩子与大自然建立联系,这一改变迫在眉睫。

在大自然里,孩子可以聆听溪流的歌唱,感受风的轻抚,观察蜜蜂的舞蹈,他们可以亲手触摸树木的皮肤,发现石头的秘密,领略花儿的芬芳。大自然的每一个细节都在诉说着生命的美好与奇迹,我们要做的就是引领孩子去探索、去发现、去想象,让孩子亲近大自然、感受大自然,把大自然当成最好的朋友和灵感素材库。

❋ 4.1 选对亲近自然的地点

优先选择天然景区而不是人造景观

虽然植物园和城市公园也挺好，但是有条件的话最好带孩子去更原始的自然环境中，比如远离城市的森林公园和原始的乡村山林。

城市公园所有的动线都是经过人为设计的，灌木丛都被修剪得十分齐整，小路上的鹅卵石都是人工排列的，而这些人造景观缺少自然原本的灵性和自然生长的力量。

在山间亲近自然

有研究表明，山林里的植物和水流会产生更多负离子，森林还可以帮助人体免疫系统增加自然杀伤细胞的数量，进而增强人体抵御病毒和细菌感染的能力。此外，沐浴阳光、拥抱大树、亲近土壤可以帮助人体分泌血清素，血清素是我们的"情绪稳定剂"，能够帮助我们减轻焦虑、抑郁，调节我们的情绪。总之，多接触大自然对我们的身心健康都是有好处的。

在城市的公园里，我们与植物和土壤的距离还是太远，只有产生被植物气息包裹着的感觉，才能算真正地亲近自然。

避免去人多的热门景点或赶时间

人多的景点，游玩的体验感一般不会很好，更不要说感受大自然的力量了。所以，带着孩子亲近自然时，尽量选择小众的、人少的目的地，并且把时间安排得充裕一点，这样我们和孩子才能真正地静下心来感受大自然的力量。

❋ 4.2 引导孩子亲近自然的方法

观察与交流

观察不同树叶之间的区别，观察在花草丛中来回忙碌的小虫，观察被风折断的树枝，触摸滑溜溜的苔藓，一起寻找特定颜色的植物，问孩子最喜欢哪一片景色和喜欢的理由，让孩子描述他们看到的内容，再跟孩子交流大人眼里的世界。

调动更多感官

"自然之友书系"的《与孩子共享自然Ⅰ》里面提到一种体验自然的方式，非常有趣——在清晨的安静树林里，选一棵直径至少15厘米并且皮比较薄的树，倾听它的"心跳"。具体方法是把听诊器紧紧贴在树干上，不要动，静静聆听。可以多试几个倾听的位置和不同的树，落叶树的"心跳"声会比针叶树更清楚，某棵树的"心跳"声可能会特别大。

倾听大树，早春是最佳时期，这是什么原理呢？因为在早春的时候，树会把大量来自土壤的水分和营养源源不断地输送到树枝和树冠，为迅速生长做准备。所以，这时倾听大树，它们的"心跳"声会更明晰。

孩子也可以同时用听诊器听听自己的心跳、小动物的心跳以及自然界任何事物的"心跳"。

另一种与众不同的体验自然的方式就是蒙眼游戏。视觉是我们最重要、最依赖的感觉，一旦不能看了，我们就必须调动其他感官去感受、去触摸、去闻、去听，注意力也会更加集中，感官也会更加灵敏。这时候，轻柔的风声、哗哗的流水声、嫩草的气息都会扑面而来，给人一种由昏睡中苏醒的感觉，繁杂的心绪也似乎被抚平。蒙着眼感受浅浅的小溪，感受水流过脚踝的清凉；拥抱一棵大树，感受大树表面的沟壑纹理，闻闻叶子的味道，猜猜树的年龄。

被蒙住眼，孩子一开始可能会有点害怕，此时可以轻声安抚孩子、让他们感到家长时刻陪伴在侧，然后和孩子一起安静地感受自然的气息。蒙眼游戏结束后，孩子的其他感官都得到调动，对大自然的感受力也会提升很多。

如果是年龄大一点的孩子，我们可以引导孩子描述感受，我们只要欣赏和肯定孩子的感受就好。其实孩子的感受力比大人的更为敏锐，我们只要创造条件让孩子在大自然中多打开感官就好，这样不仅可以提升他们的感受力，还能激发他们的想象力。

与山水画进行对比观察

让孩子沉浸式体验较为原始的自然山林，是非常好的自然美育。当孩子年龄再大一点，我们就可以引导孩子进行对比观察，比如中国山水画和实际的山水景观的差异，引导孩子感受画家对景色特点和美感的提炼。

将实景与山水画进行对比观察

都说西方画写实、中国画写意，但是其实很多中国传统山水画不仅描绘了意境，对景观层次和形象的表达也很清晰。我们可以先引导孩子进行景和画的对比欣赏，然后鼓励孩子在自然中写生，把自己观察到的东西画出来。

用取景框观察自然

给孩子做一个自然取景框，取景框可以是拍立得相纸的样子，可以是相机的样子，也可以是孩子喜欢的其他形状。最简单的方法是在纸板上画一个方框，再将框内的部分剪掉，让孩子能够自己去构图、选景，观察自然。

自然取景框

做取景框的目的是让孩子用创作的视角观察自然，有条件也可以给孩子安排儿童相机，像素够用就行。一家人外出旅行的时候，让孩子拍摄自己的作品。

制作"植物色卡板"

可以将不同颜色的色卡纸分别剪成长条，贴在一个白色纸板上面，色卡条之间留出空白区域，在空白区域贴上双面胶，用以固定孩子寻找到的对应颜色的植物。让孩子带着目标寻找、采集与各个色卡颜色一致的植物，这可以锻炼孩子的观察能力和动手能力。

植物色卡板

用自然材料搭建新空间

引导孩子用自然材料搭建一个小小的"家"或"秘密基地"。和孩子一起在山林间收集枯枝、落叶,让孩子构思搭建一个什么样的小房子或一个小帐篷,怎样才能把这些材料固定在一起……让孩子独立完成一次具象而有趣的空间启蒙。

在和大自然一次次的接触中,我们的孩子不仅能够告别"自然缺失症",还能够收获取之不尽、用之不竭的艺术灵感和创作素材。

辑 三

走近艺术：
一起看懂"美"

1. 看艺术展：为孩子的精神世界打下基础

为什么要带孩子去看艺术展？因为看艺术展就像是读一本立体的艺术书，能够调动孩子所有的感官去感受那些被精心挑选过的美，感受那种直达心底的震颤。对美拥有丰富的感知能力也是孩子精神世界最好的底色，让他们将来无论遇到什么困境，总能找到内心的宁静，知道世界还有另外的样子。

很多人会觉得看艺术展是一件关于"学习"的事情，尤其是当家长还需为此付费时，家长甚至有"学回门票钱"的压力，其实大可不必。对6岁以前的孩子来说，看艺术展应是一种娱乐项目，在玩中得到艺术熏陶、培养艺术兴趣才是最重要的。

❋ 1.1 什么样的艺术展适合孩子？

儿童友好的互动式艺术展

儿童友好指主题和内容是适合儿童的。很多艺术展表达的内容太过前卫直白，不适合小孩子，这些要首先排除。另外，如果艺术展的主题和孩子的生活相关联就更好了，因为孩子常是以自我为中心的，儿童友好的艺术展，孩子自然会更有兴趣。

再就是建议选择有互动的艺术展，这更能激发孩子的参与兴趣。比如展览项目"奇妙的旅行——献给孩子的艺术展"里,就有非常多的互动活动,还有专门的绘画区域,大孩子、小孩子都积极地进行创作。

在"奇妙的旅行"展览中进行创作

沉浸式的艺术展

看艺术展的首要目的就是体验,最大限度地调动孩子的感官。其实很多艺术作品网上都能搜到,画册也印制得很精美,但为什么要去艺术展现场呢?

因为看画册只能调动视觉,而艺术展现场的氛围感和体验感是画册无法提供的,沉浸式的艺术展能全方位刺激孩子的视觉、听觉、嗅觉和体感。尤其是沉浸式数字体验展,将很多经典作品或文物展品的文化艺术内涵进行解构、提炼、设计,通过影像、音乐、灯光、投影、VR等多种形式表现出来,比画册上的作品要生动得多，对学龄前的孩子来说也很合适。

在"'纹'以载道——故宫腾讯沉浸式数字体验展"中，故宫文物的图样经过数字化处理，用投影投射在墙面、地面、天花板。摇曳的荷叶、盛开的荷花，配上自然舒缓的音乐，让人仿佛置身于盛夏的池塘，孩子一踩上去，"水面"就泛起涟漪……不仅让人被美包围，还有实时的互动，可以说是非常完整的艺术感官体验。

体验"纹以载道"展览中的数字景观

还有"光廷 Temple of Light 沉浸式光影艺术展"，全程 40 多分钟，展览里的孩子都特别兴奋，在数字影像构建的奇幻世界里任凭想象力随着场景光影的变幻尽情驰骋。

体验"光廷 Temple of Light"展览

自从看过这个展览,我家孩子对它一直念念不忘。之后再说带她去看艺术展,她就比去游乐场还兴奋,特别有兴趣!

视角新奇的艺术展

看艺术展的第二个目的是打开眼界,因此我们要选择一些特别的、视角独特的展览,让孩子知道可以通过多种视角看待世界。我们去看过最典型的视角新奇的艺术展是"雷安德罗·埃利希:太虚之境",这个展览通过装置、影像、雕塑等精心设计的形式,让人在置身其中时产生"错视"感,深入体验不同的艺术视角。

体验"太虚之境"展览

舒适的看展体验

不要把看展变成负担,比如为了带孩子看一场艺术展,专程跑很远,又排队好几个小时,在人挤人的状态下看展。看艺术展的过程中,体验感和舒适度是非常重要的,孩子只有在看展时的情绪、体验是美好的,他们与艺术展相关的记忆才是美好的,这样孩子之后才会愿意主动去看艺术展。

参观世界百年插画特展

如果是带年龄较小的孩子去看展,建议去的地方在开车40分钟可到的区域,并且周围有便于孩子玩耍和吃饭的地方。假如为了看展,坐一两个小时的车,再排一两个小时的队,最后还要饿着肚子再花时间去找吃的,这种体验对于大人来说也很糟糕。最好去参观的展览设在商场里,这样带年龄小的孩子看完展览后可以直接去吃饭,而且商场内母婴室等各种配套设施一般很齐全。

对5岁之前的孩子,家长挑选商业艺术展时,可以参考上面4条建议(对去博物馆、美术馆看展也适用);对5岁之后的孩子,家长可以根据孩子的意愿和兴趣,多带孩子去能打开视野和丰富知识的人文历史类、自然科学类博物馆。

✽ 1.2 看艺术展之前要做哪些准备?

最基本的准备就是查阅清楚展览场所的开放时间,大部分美术馆周一休馆,不同商业展览开放的时间不尽相同,要留意好展览场所的开放时间、地理位置和交通方式。还要了解展览场所的相关规则,很多文化场馆有不允许带食物和水进馆、不允许开闪光灯拍照的规定,这些规则家长最好提前了解清楚,并和孩子做好约定。

了解清楚展览场所的信息之后,家长就要根据孩子的年龄做相关准备。带5岁前的孩子去看艺术展,首先要了解以下5点:

①艺术展主题是否适合孩子?

②艺术展是否是儿童友好型的?

③展览场所是否有良好的参观体验?

④周边设施是否方便照顾孩子的衣食住行?

⑤找到孩子和艺术展主题的关联点、孩子可能的兴趣点。

每个艺术展对于孩子来说都是一个新的陌生环境,孩子越小,他们的适应性就越弱。5岁之前的孩子最关注的是和自己相关的内容,所以我们要提前找到一个和孩子兴趣相关的点,用孩子能接受的语言或者用讲故事的方式做个铺垫,至少让他们知道我们要去看的艺术展是什么样的主题。

例如,我之前带孩子去看一个复古时装展,去之前我跟孩子说:"我们去看很久很久以前的公主们穿的裙子好吗?和宝宝的裙子很不一样哦!那里有蓬蓬的裙摆和非常好看的花纹,妈妈超级喜欢,我们一起去看看,有没有你喜欢的!"

参观复古时装展

孩子5岁之后,家长可以做以下准备:

①一起提前了解艺术展的内容,遵循孩子的兴趣和建议。

②和孩子各自选定期待的作品或者内容。

③准备一本便携的画本和笔。

④准备一个"取景框"或放大镜。

对这个阶段的孩子，遵循他们的兴趣和想法是最重要的，自发的兴趣和好奇心才是学习最大的动力，艺术学习也一样。所以看艺术展之前，大致了解主题、掌握基本知识就好，不需要背诵或记住简介，而可以用简单直接的语言描述艺术展的主题。

比如在去看"草间弥生：一九四五年至今"香港特展之前，我们可以对孩子这样描述："我们要去看'波点女王'草间弥生的回顾展，这是一次关于她艺术创作的非常全的作品展，各种形式的作品都有，我最期待是'波点南瓜'雕塑和沉浸式的波点空间'镜屋'。"就像这样，家长可以用简单的大白话描述要去参观的主题和自己的期待。

5岁左右孩子的绘画已经脱离了涂鸦阶段，开始和现实形象相联系，因此可以给孩子安排艺术展写生活动。写生的内容没有任何要求，依然是遵循孩子内心的喜好。

❋ 1.3 家长"不太懂"，该怎么带孩子逛艺术展？

别走马观花，慢慢体会

带孩子去艺术展，最重要的是了解孩子自己"看到了什么"，而不是教孩子"看什么"或者"你应该知道什么"。好的艺术展就像一本厚厚的书，我们都知道在1~2小时内把一本经典名著读完并理解它的全部内涵是不大可能的事情，因此也没必要要求孩子在短时间内把艺术展里面所有的展品和内容都快速"过一遍"，这和快速地把一本好书走马观花地翻完是一样的，没有太大意义。

看一本好书，只要书中有一个观点对我们有所启发，甚至引发认知的改变，看这本书就是有用的。看艺术展也是如此，只要有一件作品触动我们的心灵或者唤起我们的情感，对我们来说，就是有收获的。

别太功利，养养眼也好

我们日常生活中接触到的视觉产品，多带着商业性目的，它们的目标是抢占我们的视觉注意力和注意时间。据说广告学里面有一个"7秒定律"，即消费者只需7秒的时间就会判断自己是否对某种商品感兴趣，产生购买意愿。所以，广告就要在这非常短的时间内抓住消费者的眼球。广告商通常会用非常强势的视觉语言设计广告和产品，人们看多了，正常审美不免会被扰乱，甚至被吞噬。

因此，我们都需要欣赏那些经过时间洗礼的经典艺术作品，让我们的眼睛被美好的视觉内容"养"一下，休息休息。

对于孩子来说，看艺术展或逛博物馆，能让他们尽早地知道世界上有很多美好的视觉体验，因此家长要给孩子提供拓宽眼界的机会，让孩子自己多感受。当看过不少优秀的、高级的艺术作品，孩子的审美水平和眼界水平自然而然地就提高了。

学会观察和感受视觉冲击

同样的一幅画，会观察的人看到的内容是其他人的数倍，比如乔治·莫兰迪静物画中微妙的光影变化，白色到灰色之间，人们一不小心就会忽略其中微妙变化的色彩梯度。

还有荷兰画家蒙德里安作品中重复的色块、垂直水平的线，看似简单，但是把混乱的视觉世界变得平衡稳定，里面也有很多独特而微妙的细节。

我们在看艺术展或逛博物馆的时候,要注重眼缘和心动的感觉,就像是找命定之人一样。我深刻地记得我在高中的时候,第一次看到挪威画家爱德华·蒙克《呐喊》的原作,一刹那,泪水盈满眼眶。当时考学的压力特别大,我整个人都很压抑,我感觉正在呐喊的主人公就是我自己,画的背景虽然有空间透视的结构,但是扭转的线条和浓重的颜色让背景杂糅在一起,给人扑面而来的压迫感,画中变形的人就像我自己,快被压力融化了。

爱德华·蒙克《呐喊》

让观看者瞬间有情感共鸣和情绪,这就是优秀绘画作品的魅力。这幅画具体是什么绘画背景,作者实际想表达的是什么,对当时的我来说已没那么重要了，我感受到了冲击和理解，释放了恐惧的内心情绪。我的共情力和视觉感知能力也受到了一次前所未有的洗礼。

玩起来，更有趣

之前提到可以给5岁以上的孩子准备一个取景框或放大镜，主要是给孩子一个"视觉框"，让孩子专注观察。如果没有工具，用双手比画出一个取景框也可以，让孩子用远距离、近距离、局部、整体等不同的视角去观察。

家长可以跟孩子探讨双方观察到的细节，最佳的提问方式是问孩子"你看到了什么？"而不是"你看到……了吗？"总之，使用开放式的提问，而不是限制孩子的观察目标。这里提供几个聊天的方向，供家长参考。

①从细节出发：你看到了几种颜色？
②问感受：你看着这些颜色/细节，有什么情绪和感受？
③联系孩子自身：你平时会像作品里的人那样做动作吗？
孩子给出的答案可能会超出我们的预期。

❋ 1.4 看完艺术展还可以做什么？

虽然提倡大家把看艺术展当作是轻松平常的事情，就像逛超市一样，但我还是建议大家在看完艺术展之后再做一些事情，类似复盘和延展学习，就像费曼学习法所强调的——用自己的语言描述出来的内容才是自己真正学会和理解的。这样孩子看艺术展的收获也会更多。

根据孩子不同的情况，可以用下面几种方式进行延展学习。

（1）初级阶段：多视角讨论

对于看艺术展次数不是很多的孩子，保持孩子的兴趣是最重要的。家长可以从简单的讨论开始，就像我们从电影院出来后一起讨论剧情和感受一样，和孩子聊一聊艺术展上作品的细节，或者对展览的感受和评价。

（2）中级阶段：收集纪念品、做手账

现在的文化场馆基本上都有销售周边产品或纪念品的店面或柜台，不妨让孩子自己挑选纪念品。如果有做手账的习惯，在买纪念品时可以建议孩子选择适合粘贴保存的那种，还有宣传册、门票等，都可以保存起来做手账。做手账可以从简单的物料拼贴开始，再慢慢进阶到自由创作。

（3）高级阶段：设计周边产品

这一阶段适合有基础的孩子——总结看艺术展的体验或根据艺术展的风格特点进行创作，设计周边文创产品。比如将蒙德里安的"红黄蓝"元素应用在帆布鞋的图案上，或把草间弥生的波点元素应用在衣服设计上，这些都非常考验孩子的创造力。

看艺术展的目的，不是记住所有作品的作者名字、内容简介和艺术理念，而是感受艺术、近距离接触艺术，这是打开孩子"艺术之眼"的最好办法。

在各种艺术展中流连，让孩子用天然的感知力亲近艺术，给孩子打开通往自由想象和无限创造力的大门。这样，孩子以后遇到每一件事、行走每一步路，无论是否顺利，心中必定有星辰大海相伴。

2. 艺术素养：零基础如何给孩子讲艺术

有些人说艺术是讲究天赋和感觉的，是的，如果你要成为顶级的艺术家，没有天赋是不行的。我一直记得艺考老师说过的一句话：我们远远到不了拼天赋的程度。但艺术有很多理论和方法是普通人也可以学的。哪怕是非专业人士，只要知道一些基本的艺术要素和原理，就足以助力我们审美能力的提升和艺术素养的养成。

了解基本的艺术要素和原理，也就是了解艺术语言，能让我们懂得如何去看艺术，甚至知道如何去讲艺术。因此这一节的目标就是帮助家长了解艺术语言。

❋ 2.1 艺术语言有哪些？

基本的艺术要素有5个——色彩、线条、形状、肌理、空间。这5个要素可以用来描述所有的艺术作品。除此之外，我们还可以从进阶的欣赏角度，也就是从艺术原理和表现手法来看艺术作品——平衡、强调、比例、运动、节奏、变化和统一。下面我主要以绘画作品为例，对上述艺术相关的概念作简单介绍。

色彩

色彩在艺术世界里是不可忽略的存在，当我们欣赏一幅作品的

时候，第一时间要注意的就是色彩。

那么我们该怎么理解艺术作品中的色彩呢？

我们首先要了解：色彩有冷暖之分，与情绪有关。通常红色、黄色和橙色被认为是暖色，因为它们给人的直观联想是火和热；而蓝色、绿色和紫色被称为冷色，因为它们会让人直接联想到海水和冰雪等。

色彩联想是人脑的一种积极的、逻辑性与形象性相互作用的、富有创造性的思维活动过程。当我们看到色彩时，能联想和回忆起某些与色彩相关的事物，进而产生相应的情绪变化。比如红色在视觉上给人一种临近感和扩张感，刺激视觉，有跳动、不安的感觉，同时也有力量和生命力的感觉；在中国，红色是吉祥的、积极的，但是在其他一些国家，红色是禁忌的、危险的。这就需要我们结合画面情境去感受颜色传达的具体情绪是怎样的。

橙色比红色的明度更高，也给人活泼、温暖的感觉，它介于红色和黄色之间，相关联想大都是正面的：丰收、热情、喜阳、甜蜜等。整体来说，暖色传达出的情绪是炽热的、正面的以及积极向上的。

绿色虽然被分在冷色系，但是它相对于其他冷色系的颜色来说比较中性，因为它是稳定的、柔顺的、温和的，会让人感到平静。

蓝色的明暗程度不同，给人的感受也不同。淡蓝色会给人干净、沉静的感觉，但深蓝色会让人觉得神秘莫测，甚至抑郁悲伤。

在色彩心理学中，每个色系都有大体对应的情绪标签，但每个色系下还能细分出很多种颜色，根据纯度和明度的变化，冷暖的差异，同一个色系的不同颜色给人的感受也不一样，这需要我们带着色彩联想用心感受作品的内涵。

马蒂斯1910年的绘画作品《舞蹈》描绘了五个女人手牵手围成一圈，踏着节奏翩然起舞的场景。整个画面的主要颜色只有三种，蓝色的天空、绿色的大地以及砖红色的人体，但却拥有一种原始而古朴的美感。

线条

线条在绘画里面的定义是用铅笔、炭笔或者是钢笔等工具在平面上持续运动留下的笔画或者痕迹。

线条在艺术作品中是最常被运用的设计语言，尤其是我们的中国画，常常"以线造型"。举世闻名的敦煌壁画中的线条一直被世人惊叹，特别是"高古游丝描"画出的线条纤细而柔韧，连绵不辍，形若蚕丝游动，而且仅仅用线条就能够描绘出惟妙惟肖的形态和场景。敦煌壁画中的线条种类数不胜数，有兴趣的家长可以带着孩子一起观察：描绘男性形象的线条是不是更粗犷舒展、流畅遒劲？描绘女性形象的线条是不是会纤细婉转一些？

又如齐白石的《虾》，灵动的线条生动地展现出了虾的形象。作者利用有虚有实、简略得宜、似柔实刚、直中有曲、似断实连、乱中有序的线条要素去表现虾的身体部位以及虾在水中游动的动态感。

形状

形状是在平面上的封闭空间，当一根线条做环绕运动，回到起点后与之前的行动轨迹相连接，就创造了一个形状。

人们通常认为形状是平面的，但视觉是主观的，对形状的感知可能与真实的形状有所不同。比如在黄昏时分、雾中等光线较弱的环境下，物体的形状"融"于一定的明暗对比之中，形状的边缘与周边环境互相渗透，有些边缘部分被环境淹没了许多，而另一些边缘部分却向周边环境深入扩展，这就让原有物体的形状看起来好像发生了变化。

这种变化在视觉上给人带来了特殊的感受。这时物体的形状收缩或扩张，自由地活动着、摇摆着、闪动着，是那样的神秘和美妙。艺术家以一种积极的视觉方式对丰富的形状进行挑选、组合，给人们提供了更加丰富的不同于原始物象形状的美的形式。这些美的形式不仅来自"看见"，而且出于具有更丰富内涵的"发现"。

肌理

肌理属于材料的表现语言。所谓肌理是由人力或自然力制造的展现物体表面的组织纹理结构，让人产生"视触觉"。我们能通过看某件物品就感受到它的质感和触感，这就是视触觉。各种纵横交错、凹凸不平、粗糙平滑的纹理变化能够让我们产生视触觉，帮助我们表达物体的特征和对美学的感受。

肌理有着粗糙细腻、干湿软硬，以及是否有花纹、光泽和规律性等表现特征。我们看到丝绸，会感到它的肌理是顺滑柔软的，并带着一丝冰凉；看到麻布，会感到它相对粗糙、硬挺的质感。

在欣赏艺术作品的时候，我们也应该观察它们的质感，比如国画作品中在宣纸细腻的纹理里晕染开的水墨，比如有些油画上刻意堆叠出的质感粗犷的磨砂颗粒。

笔触是肌理的雏形，笔触作为一种油画语言，能代表作品的特色，有时还能成为某个艺术家的标签。比如大家都熟悉的凡·高，他的笔触是奔放的、狂热的，似乎不受现实社会的约束。当我们看到凡·高的油画时，能通过他笔触的力道感受他作画时的情绪。

莫奈晚年的作品《睡莲》系列，用看似柔韧的笔法，打破物象之间的边缘，笔触在画面中纵横驰骋，随形荡漾。作品中叠加分割的笔触让画面的线条缭绕，而空隙间处处透着底层色彩，使画面的层次变得丰富、透气。可以说莫奈捕捉光影的最有效手段就是笔触，实现了其作品的肌理感。

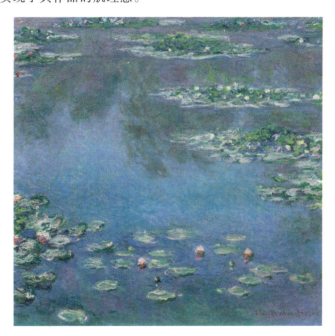

莫奈《睡莲》

空间

《美术辞林》中将空间定性为远近大小一类的层次关系。具体而言，在画面当中，空间感存在于物体之间或物体与其所处环境之间的距离关系或者是点线面之间的构成关系。

在人眼看来，空间较平面多一维度。平面是二维的，空间是三维的，但是艺术创作可以在二维的平面上实现三维立体空间的视觉效果。艺术作品一般是有空间感的，我们要善于发现。

法国光线大师拉图尔在《油灯前的抹大拉》中，运用燃烧的蜡烛的光，以极端写实手法描绘光与影的变化，通过光影描绘空间，实现明暗对比强烈的空间表达，流露出神秘而动人的气氛。

色彩、线条、形状、肌理、空间——我们在观察一幅作品的时候，可以先从这5个角度分析和欣赏。作品颜色的冷暖明暗，线条的粗犷流畅，基本的形状有哪些，有什么特殊的肌理，空间的远近大小和层次等，都是我们可以观察和探讨的。

平衡

平衡是我们在观察一件艺术作品时看到和感到的视觉重量。平衡分为对称平衡和非对称平衡，非对称平衡指的是虽然一幅艺术作品的左右两边并不相同，但是它看上去是平衡的，这就比较考验艺术家的视觉平衡能力。

艺术家会用很多种方式达到平衡的状态。当然也有刻意打破平衡的艺术作品，这是为了让观者感到不稳定和不安的情绪。

拉斐尔的很多壁画都采用了对称构图，而毕加索的立体主义风格的画作很多就是非对称平衡的，我们能够看到他的画面是不对称的，但是稳定且平衡的。

强调

如果艺术家想要突出和强调某一个主体，会采用各种方式，例如将主体放置在显眼的位置，或者用突出的颜色，或者削弱周围的内容。那个被强调的主体就是画面的主导，吸引着大家的注意力。

比如画面中有人举起手，沿着手的方向，我们的视线也会不自觉地被牵引过去。被强调的部分也是整个画面的兴趣中心，因此我们在欣赏艺术作品时可以探讨艺术家想要强调表达的主体是什么。

在马格利特《戴黑帽子的男人》里面，那个挡住男人脸的青苹果，把强调的手法表现得淋漓尽致。我们都知道人物的眼睛是最容易吸引人们注意力的地方，青苹果挡在了眼睛的位置，但是又露出了一点点眼角，让人们被这个挡在视野正中心的青苹果吸引并无法忽略它。这颗青苹果有很多隐喻，但是作者具体想要表达什么，每个人都可以有自己的理解。

比例

比例是一幅作品中一部分和另一部分的大小、高矮、长短的关系。大家应该听说过黄金分割比，它的比值约为0.618，这是公认的最具美感的比例，它在建筑、绘画、雕塑等艺术设计领域应用广泛。我们熟知的绘画作品《蒙娜丽莎》《最后的晚餐》和《维纳斯的诞生》都是符合黄金分割比的。

但并不是所有的艺术作品都会选择使用这个比例，如果艺术家想要表达另外的感觉或者情绪，通常会采用变形、夸张或者拉长正常的比例等手法。比如蒙克的《呐喊》中，人物脸部的比例是扭曲的，但是能够传达出压抑、恐惧的感觉。

运动

很多艺术作品看似是静止的，但是实际上又能让我们感到它在运动的视觉效果。还有些作品，我们能感受到自身的视线在画面中是受牵引流动的，表示这个作品也是具有运动因素的。

比如甘肃省博物馆的镇馆之宝——人称"马踏飞燕"的铜奔马。这是一座铜质的飞马雕塑，捕捉了飞奔的马三足腾空、一足超越飞鸟的瞬间，且让飞鸟惊顾，更增强奔马疾速向前的动势，整体运动之势非常鲜活。

铜奔马

我们在观察艺术作品的时候，可以留意主体的运动姿态或者画面的视觉动线。

节奏

节奏是指通过线条、形状或者色彩的重复，创造出规则或者随意的图案。蒙德里安的《百老汇爵士乐》就通过将直线和大小不一的红黄蓝色块排列组合，把爵士乐欢快的节奏感呈现在纸上。

通常有一定规律、前后呼应的元素，都包含一些特定的节奏。这个节奏可以是有序的，也可以是无序的，但是这些特定元素都会不止一次地出现在作品中，这是我们可以和孩子一起去寻找的。

变化和统一

变化代表了不同和对比，强调的是差异性。比如在一个画面上，同样是山，其中会有崎岖和平滑之分，还会有明暗的对比，线条在粗细上也会有变化，但是如果全是差异和对比，画面不免会显得有些凌乱，这个时候就需要整体上的统一。这很考验艺术家的控制能力，一幅画上虽然有很多颜色，但是整体应该是协调统一的。

这一手法的典型代表是印象派，他们的画作都非常注重光影的变化，但是整体又特别协调统一。

2.2 该如何给孩子讲艺术？

给孩子讲艺术，家长可以从上述基本的艺术要素和表现手法入手，这些艺术要素或手法都是在艺术创作过程中不可避免会涉及的。家长可以找到自己喜欢并且擅长的点切入，然后跟孩子一起讨论和发现。

我们不必熟知所有作品的信息和背景，也不必苛求自己感受到的与专业分析是否有太大差异，更重要的是观察、感受和讨论的过程。

给孩子讲解艺术作品的步骤应该是：描述—讨论分析—了解—判断。

我们不用一开始就去查找作品的相关信息，而是先通过自己的眼睛去看，然后用语言描述出来，和孩子一起讨论分析画面内容，再慢慢延伸到作者想要表达什么、我们感受到了什么，之后再去了解作品的背景，最后形成自己的判断。

就算我们不是艺术评论家，没有专业的知识储备，但是我们也可以有自己的判断。哪怕是经典传世的作品，你也有权利说不喜欢。我们也要教孩子以这样的态度对待作品，尊重孩子的审美喜好，让孩子形成自己的审美标准，这比记住很多作品的作者名字、背景信息要重要得多。

下面是一些供参考的互动方式。

（1）对学龄前期的孩子

这件作品中有让你感受到开心的颜色吗？它为什么让你感到开心？

艺术家使用了什么线条？曲线还是直线，粗线还是细线？你喜欢哪一种？

这个形状你觉得像什么？

如果可以摸，你想摸哪一件作品，为什么？（调动孩子想象作品的触感，而不是真的触摸。）

这件作品中你觉得哪一个人物离我们最近？哪一个更远？你最先看到的是什么？

这件作品让你想起日常生活中的哪些东西？

（2）对学龄期前期的孩子

你能找出作品中使用了哪些颜色吗？

你第一眼看到的是哪个颜色？它为什么吸引了你的注意力？

可以找出画面中的线条吗？

这根线条让你有什么感觉？（有力量的？柔软的？还是跳跃的？）

哪件作品看起来是不平的？

哪件作品的肌理看起来更明显一点？（粗糙还是平滑？哪种颜料看起来薄一点，哪种厚一点？）

哪件作品里面的空间你感觉是最大的？

这件作品里你最先看到的是什么？你认为是什么让你最先看到它？

这件艺术作品中是否有让你觉得特别惊讶的东西？

你能找出这件作品里相互对比的东西吗，比如明暗对比、大小对比等等？

我想再次强调一下，给孩子讲艺术绝不是要我们死记硬背艺术作品的各种信息，那些信息随手可查；孩子对艺术作品的观察能力和感知能力是需要从小培养的，这些才是奠定孩子艺术审美能力的基础。

法国资深艺术史学者弗朗索瓦丝·芭布－高尔在《如何给孩子讲艺术》一书里面提到，给孩子讲艺术，我们首先要问"你看到了什么"，而不是"看这个"或者"你应该知道……"

因此，零基础的家长也不要担心，让我们跟孩子一起出发，了解基础的艺术要素和手法，之后再用心观察、讨论，孩子的艺术素养就在一次次"观察—讨论分析—了解—判断"的过程中慢慢提升。

3. 共读绘本：性价比最高的艺术课

艺术启蒙有许多简单而高效的途径，其中最具性价比的就是亲子共读美育绘本。

优秀的美育绘本不仅画面精致，故事也是经过精心设计的。当孩子进入绘本搭建的充满美感的奇妙世界中，他们就会在这个世界里潜移默化地接受绘本传递的审美经验，这些经验如同钥匙，可以促使孩子审美意识觉醒，提高孩子感受美的能力，让他们自然而然地将这种意识投射到生活和学习中，在生活的每一个角落发现美、感受美，实现良好的美育启蒙效果。

学龄前的孩子通常会以自身经验中存在的事物为原点展开联想，绘本中新奇的角色、夸张的故事情节是我们生活中不常见的，因此可以帮助孩子进一步发散思维、激发想象力。

❈ 3.1 如何挑选亲子共读的绘本？

选择适合孩子的风格

绘画有非常多的表现方式，因此绘本的风格也多种多样，简单概括一下，大致可分为两种风格类型：一种是写实的，一种是卡通的。

写实的风格，就是无限接近现实的风格，在绘本中的表现形式有"照片＋手绘"，或者绘画风格是写实的，按照正常的比例描绘人物，以真实的质感描绘事物。

心理学家伍尔夫在审美认知发展的三阶段理论中提出，学龄前的儿童对真实事物的再现是有偏爱的，因为他们对客观事物的认识首先来自事物的实用性，然后才开始慢慢具备理解象征性图像的内涵和符号意义的能力。因此最开始的认知类绘本，我们可以选择更加接近实物的写实风格，然后再进入卡通风格。

卡通的风格是基于儿童审美形成的风格，采用变形夸张的手法，表现出鲜明独特的艺术效果，虽然和现实情形会有些出入，但也是符合儿童心理的，因为这个阶段正处于皮亚杰认知发展理论中的"前运算阶段"，这一阶段的孩子存在"泛灵论"特点（认为世界万物都是有生命的），物体和动物拟人化、夸张的表现手法和颜色对比强烈的风格，也可以让孩子沉浸在绘本的想象世界中。

总体来说，写实风格的绘本能够让孩子更真实地认知世界万物，帮助孩子拓展知识面和观察现实的事物，卡通风格的绘本可以帮助孩子发展想象力，不受现实的局限。家长可以根据孩子的喜好安排绘本，当然最好是将孩子的喜好和孩子的认知阶段两者结合来考虑。

现在市面上绘本的创作类型也不尽相同，如数码绘画、水彩画、油画、蜡笔画、彩铅画、拼贴画、版画等。这些艺术创作类型没有优劣之分，我们可以给孩子尽可能多地安排不同的艺术种类，以丰富孩子的视觉刺激。

绘本本身一定是美的

具有审美培养效果的绘本画面,一定要精美。

绘本是否精美,可以用以下方式判断:绘本的艺术风格是否体现了童真?线条的涂鸦是否灵动、轻松?色彩处理怎么样,有没有留白的设计?留白很重要,留白可以突出主体,并且让画面具有空间感,让孩子能够有更多的想象空间。

"艺术家鲍勃系列"里很少有整体场景的描绘,但是能够让孩子感受到场景的存在,并且沉浸其中。还有凯迪克银奖之作《浆果之歌》也是非常精美的绘本,颜色浓烈但是清新,打开绘本仿佛就能闻到森林深处的自然味道。

绘本风格是否体现了童真,我们可以通过用色判断。颜色干净、明亮,加上富有张力的线条,就是适合孩子的童真风格,这样的画面可以刺激孩子的视觉,能够让孩子在认知和感受上的审美能力都得到提升。

内容题材是关于艺术的

只要是精美的绘本都能够提升孩子的审美能力,但是挑选一些和艺术相关的主题绘本,效果会更好,比如"艺术家鲍勃系列"中的《鲍勃是个艺术家》,书里讲两个艺术家相互比较的故事,中间就非常巧妙地插入了波普艺术风格的作品,让孩子在看故事的同时了解波普艺术风格作品的特点是什么,并且教会了孩子合作共赢的理念。

随着孩子长大,我们可以安排更多艺术主题的绘本,比如"我的艺术小书"系列,这套书围绕爱、睡觉、快乐和朋友这4个跟孩子生活息息相关的主题展示了135幅经典艺术作品,让孩子将艺术作品和自己的真实感觉联系起来。

《了不起的大画家:写给孩子的美育通识课》是一套非常适合孩子的艺术科普书籍,用孩子能够理解的语言讲述画家的传奇故事。这套绘本可以帮助孩子了解基础的美学知识,也可以帮助孩子提升审美认知。

总的来说,首先,家长挑选的绘本一定要美,那些毫无美感的绘本,即便内容有一定的特色也不建议给孩子看;其次,所选绘本的风格要适合孩子的年龄阶段,比如对1岁左右的孩子,建议选择背景简单的绘本,即画面里只有主体事物,没有太复杂的背景,这样不仅方便孩子区分主次,还能帮助孩子将注意力集中在画面的重点上,随着孩子年龄增大,我们再去选择画面更丰富的绘本;最后,等孩子形成了自己的喜好之后,我们就让孩子自行选择绘本,家长把关一下就好。

❋ 3.2 4种亲子共读的方式

在早期教育中,亲子共读是一种非常好的陪伴和教育方式,因为亲子共读是孩子在父母的陪伴和引导下,在轻松愉快的氛围里进行的,能够帮助孩子养成好的阅读习惯和学习习惯,也有利于形成良好的亲子关系。

适合亲子共读的绘本有很多种,而阅读美育绘本能比阅读普通绘本多学习一些东西,因为美育绘本大多不是单纯地讲故事,它们更注重启发孩子的想象力,可延展的东西更多。

角色扮演

在孩子小的时候,家长读绘本的过程中,可以作为主要的扮演者,当一些情绪或动作难以用语言表达出来,或者一些词语孩子不一定能够理解的时候,由家长通过表情和肢体语言来传递内容,会让讲述更加生动,让孩子全方位地感受绘本里面的内容和场景。

当孩子4岁之后,就可以让孩子一起参与扮演绘本角色,这个时期的孩子特别喜欢玩过家家的游戏,扮演和模仿能力也非常强,扮演绘本里的人物可以让孩子更深刻地理解和感受绘本传达的内容。有互动、有参与,孩子的"兴趣值"会很高!

相互讲解和探讨

我们在共读的过程中要鼓励孩子表达自己的观点,或者鼓励孩子自己讲述绘本的故事,尤其是看过很多遍的绘本。让孩子尝试声情并茂地讲述绘本的故事,这才是好的吸收和学习方式。

孩子不愿意自己讲解的时候,家长可以先从简单探讨出发,就一些小问题和孩子一起猜测和讨论,引导孩子更多地表达意见,启发孩子思考。

鼓励奇思妙想

家长可以安排一些有奇思妙想特点的绘本,比如《爸爸爸爸,为什么斑马不穿溜冰鞋呢?》里面的逻辑有点超出我们正常的认知,书中"爸爸"的回答也可谓是"一本正经地胡说八道",但是反复读过之后我们会发现,这就是想象力呀!

"爸爸爸爸,为什么斑马不穿溜冰鞋呢?"

"因为他们骑摩托车跑得更快。"

"爸爸爸爸,为什么狮子从来不去理发店呢?"

"因为呀,如果他们的发型看起来太漂亮,就没人害怕他们啦!"

有时候不用跟孩子纠结对与错,天马行空一点也挺好。

共同创作

看完绘本之后,家长可以和孩子一起从这本绘本的主题出发进行创作,比如孩子看完《鲍勃的蓝色忧郁期》以后,可能也想要用蓝色画画;看完《我的情绪小怪兽》之后,也想用各种颜色去绘制小"怪兽";看完埃尔维·杜莱的《艺术大书》后,想用里面的艺术语言开始自己的创作……除了绘画创作,还可以进行故事创作,沿用绘本里的人物和背景,开始自己的情节想象。能够延展阅读绘本内容并且再创作,表明孩子对绘本知识的吸收达到了最佳的境界。

不需要非常专业的知识和引导技巧,只要全身心地投入亲子共读,艺术启蒙的效果就会很好。

4. 美的感知：接触更多艺术形式

大多数人在聊到艺术的时候，会首先联想到绘画，本书所分享的艺术启蒙方式也以绘画为主要方向，但其实绘画只是艺术门类里一个小的单元，属于造型艺术大类。

根据艺术的美学原则，艺术分为5大门类，分别是语言艺术、造型艺术、实用艺术、表情艺术及综合艺术。这一节我就讲讲除了绘画以外，从其他艺术类别进行家庭美育启蒙的一些思路。

这5种艺术门类的表现形式和艺术语言都有很大的差别，但是它们之间也有一些相互联系的地方，比如许多中外美学家都指出过"诗"与"画"之间的密切联系，再比如音乐被称为"流动的建筑"，建筑被称为"凝固的音乐"，等等。所以我们在给孩子做艺术启蒙的时候不要局限于绘画，而应该让孩子接触更多的艺术形式，帮助孩子发展更全面的审美能力。

除了以上5种艺术门类，本节中我还提到了一种艺术形式——民间艺术，它不是按美学原则来分的，而是相对文人艺术、宫廷艺术而言的艺术表现形式，属于传统文化。民间艺术与上述5种艺术门类有重合的部分，具有典型的地域和民族特色，与人们的生活密切相关。

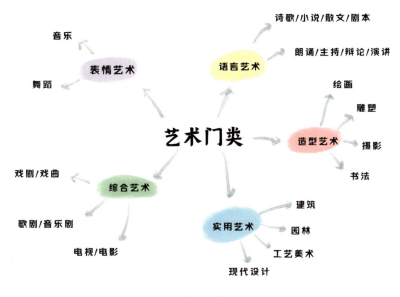

艺术门类

❇ 4.1 语言艺术

语言艺术是运用语言的手段创造审美形象的艺术形式。在蒙台梭利的"敏感期"理论中，0~6岁是孩子的语言敏感期，小孩子对语言有很强的吸收能力，因此语言艺术的启蒙放在这一年龄段是再合适不过的了。

3岁之前是孩子的语言储备期，家长要尽量帮助孩子储存足够多的词汇量。一系列的研究证明：早期的语言环境对孩子的语言发展有决定性的影响。

除了重视基础语言的启蒙和培养，父母还应该尽早关注语言艺术的启蒙，这样可以让孩子的语言发展更上一层楼。

语言艺术包括口头的和文学的,文学艺术如诗歌、散文、小说、剧本等,对6岁以前的孩子来说比较有难度,因此可以先通过接触口头语言艺术来丰富孩子的词汇储备、锻炼孩子的表达能力。

适合儿童的语言艺术启蒙方式主要是儿童文学(如绕口令、童谣、儿歌、童话、寓言),还有韵律感较强的诗歌。如果想要锻炼孩子的表达能力和语言应变能力,可以让孩子尝试具有表演性质的诗歌朗诵、相声、小品、播音、主持、演讲、辩论等。家长可以根据孩子不同的年龄阶段和语言习惯特点,采用更合适的启蒙方式。

年龄	特点	启蒙方式
0~2岁	语言储备期:能够吸收世界上任何一种语言,拥有天才般的语言能力	给孩子输入更多的词汇量并且是正面的词汇。哼唱有节律的童谣,重复多遍之后再换曲目
2~4岁	语言爆发期:善于模仿,喜欢玩过家家,可以讲述生活中与自己相关的事情,表演欲望强烈	通过模拟表演,让孩子在声音、肢体、情感的表现方式上多一些尝试,家长可以用夸张的方式做示范和参与互动。角色扮演、诗歌朗诵、复杂的童谣、讲故事都可以让孩子尝试
4~6岁	语言发展期:能够独立讲述各种事情,而且生动、自然、有感情	让孩子尝试播音主持、主题演讲、话题辩论等活动

尽早尝试这些语言艺术启蒙方式,不仅能够培养孩子交流与沟通的技巧,还能帮助他们掌握合适的情绪表达方式,以及提高他们的注意力、记忆力、思维力、理解力、概括能力等。

❋ 4.2 造型艺术

造型艺术包含绘画、雕塑、摄影和书法。绘画相关的内容在本书叙述得较多,就不在本节赘述,我们来聊一聊另外 3 种造型艺术的启蒙思路。

雕塑

所有在三度空间(三维空间)里用物质材料创造出来的实体形象作品都可以被称为雕塑,因为这类作品的制作手法大多是雕刻和塑造,所以这一类造型艺术被叫作"雕塑"。

常见的雕塑材料有泥土、石头、木头、金属等,但是随着现代材料变得丰富,越来越多的合成材料都被运用到雕塑作品中,如各类塑料、泡沫、不锈钢等。创作手法也不局限于雕刻和塑造,3D 打印也是现代雕塑制作的常见方式。

其实雕塑作品离我们的生活很近,生活中很多地方都能够看到雕塑作品,比如公园里面的公共艺术装置、大学校园里的人物雕塑,现在很多商场内外也会放置一些艺术雕塑作品。我们平时带着孩子在外面的时候可以留心观察一下,并跟孩子探讨那些雕塑的形态、内容和材质等。

带孩子感知雕塑的方法如下。

(1)让孩子玩超轻黏土或橡皮泥

这两种是非常推荐给孩子玩的材料,只要孩子过了口欲期就可以给孩子安排了,因为它们能够刺激孩子的触感、提高孩子的立体思维能力。不过市面上的很多超轻黏土和橡皮泥产品可能有硼砂超标的情况,家长购买时要注意甄别,尤其是家里的孩子是小月龄时。如果对外面的产品不放心,家长可以自制橡皮泥,本书辑五第2节中有相关教程,使用的材料都非常安全。对3岁以前的孩子,只要让他们揉捏、做造型就可以了,不需要完成具象的内容目标。

(2) 带孩子体验泥塑或陶瓷的制作过程

非常建议带3岁以上的孩子尝试泥塑或者陶瓷制作,陶土没有超轻黏土和橡皮泥那么柔软,揉搓时需要一些力度,适合3岁以上的孩子。让孩子尝试运用揉、捏、剪、挑、压、粘、贴等方式塑造一件作品,会更有挑战性。这个年龄阶段的孩子可以尝试制作一些具象的物件。

摄影

摄影大家都不陌生,现在是人人都可以是摄影师的时代,但是真正的摄影艺术需要一双专业摄影师的眼睛,用心发现生活中的点滴,然后记录下来,里面藏着的是拍摄者对生活的理解和审美。

让孩子拿手机或者儿童相机拍摄、记录他们的生活,我们可以通过孩子的记录了解他们眼中的世界。

带孩子感知摄影的方法如下。

(1) 让孩子自己拍照

对2岁以上的孩子,就可以安排儿童相机了,如果孩子手稳,让孩子用手机拍照也行。不要在意设备,也不要在意成品,最重要的是让孩子感受拍照的过程,同时让家长看看孩子的视角是怎样的。之后家长再做一些引导,比如构图上尽量保持横平竖直、画面要有主体等,其他的交给孩子就好。

（2）给孩子看摄影类图书

如果孩子对摄影展现出浓厚的兴趣，我们就可以给孩子安排一些专业的书，比如《摄影，孩子也能玩》《写给孩子的第一本摄影书》，这些书是为孩子设计的，会以孩子的视角和体验为主，并通过有趣的摄影游戏带着孩子认识摄影、了解摄影的基础知识，同时多角度地启发和培养孩子的艺术感受力和表现力。

书法

书法是我国的国粹之一，"琴棋书画"中的"书"指的就是书法。其实书法和绘画算是同源，也可以把书法理解为线条的艺术。但与绘画启蒙不同的是，书法启蒙的规则感更强，需要孩子安静且专注地练字。

需要注意的是，过早练字可能会影响孩子手指和手腕的骨骼发育，如果练字时长期姿势不当，可能会导致孩子驼背和近视。此外，太小的孩子在稳定性和理解力上都有一定的局限，因此家长要注意书法启蒙的时间和强度。

建议在孩子5岁以后再开始书法启蒙，此前先认字，认字时可以将汉字拆解成各个笔画，帮助孩子加深对汉字结构的印象。

了解汉字背后的故事是引起孩子学习书法兴趣的第一步。可以和孩子一起看《"字"从遇见你》《汉字五千年》等关于汉字的纪录片。也许孩子还看不懂纪录片里的很多内容，但只要孩子对片中的一些内容产生了兴趣，也就是为书法启蒙积累了兴趣。

除了电视节目的介绍，还可以带孩子感受汉字的演变过程，主要是具有象形特征的汉字，让孩子知道很多汉字在一开始其实是仿照事物的形象创造的，而且这些象形特点也保留在对应的现代汉字中。通过联想记忆，启发孩子对汉字的兴趣。本书辑六第3节中有关于古汉字的家庭美育实验项目，家长可以参考。

❀ 4.3 实用艺术

实用艺术的基本特征是实用性和审美性结合，属于表现性的空间艺术，包括建筑、园林、工艺美术和现代设计。

建筑

建筑艺术是被运用在建筑设计中的独特艺术类型，具有文化价值和审美价值，能体现时代特色和地域特色。建筑分为现代建筑和传统建筑。中国传统建筑有深厚的历史文化底蕴，分为六大派系：京派、苏派、徽派、闽派、晋派和川派。每个派系的建筑风格各有特点。在带孩子去不同城市旅游时，可以多关注一下当地的建筑风格，如去北京游览时可以欣赏故宫、四合院、十三陵等特色建筑，并和孩子一起观察讨论这些建筑的特色，以及和自己所住的地方的建筑风格有什么差异等。

园林

园林艺术具有较强的审美性，其中蕴含的中式美学突出了意境和文化美。有机会一定要带着孩子去参观著名的园林，在那里家长可以和孩子一起探寻风雨连廊延伸曲回中流动的美，一起细心观察光线透过窗棂时投下的变幻光影，一起感受园林"不出城郭而得山林之趣"的意境，这样沉浸式的体验能让孩子深刻领略到园林艺术的无穷魅力。

建议带学龄期的孩子参观园林，因为他们的领悟能力和感受能力比学龄前的孩子更强，对历史文化和空间的感知能力也相对成熟些，自然也会收获更多。不过，让学龄前的孩子去感受感受园林的氛围也是不错的。

推荐带孩子去的代表性园林：北京颐和园，承德避暑山庄，苏州的拙政园、留园、网师园，扬州的何园、个园，以及"岭南四大园林"清晖园、梁园、可园、余荫山房。

工艺美术

工艺美术又叫"实用工艺"，一般指造型具有审美价值、与人类日常生活相关的一类美术品，可以简单地理解为"手工艺品"，前面提到的泥塑也可以归为工艺美术类，各种手工作品都属于工艺美术范畴。

家长可以带孩子尝试用各种各样的材料进行手工制作，材料种类越丰富越好，对启发孩子创意和培养想象力都是有帮助的。家长要用开放的心态对待孩子的手工作品，不必拿去参加比赛评选，不要过度在意成品的好坏。

带孩子多接触民间传统手工艺，比如扎染、蜡染、掐丝珐琅画、版画、剪纸等等，相应的艺术工作室一般都会有体验课程，可以带孩子去感受一下。此外，与工艺美术有关的展览也很值得带孩子去看。

现代设计

现代设计是科学与艺术、工艺与技术、实用与美学的结合，是对人们的生活用品、生存环境及信息传递方式等进行设计、处理、美化与提升的艺术门类，与我们的生活是息息相关的。

引导孩子观察生活中能够看到的现代设计，以常见的椅子为例，引导孩子观察：家里的椅子和外面餐厅里面的椅子有什么不一样？公园里面的椅子和机场等待区的椅子又有什么不一样？也可以带孩子去家具城，观察不同家具的造型和结构，并试用体验。

带孩子感知现代设计，可以带孩子逛艺术型商场、城市代表建筑，如大剧院、音乐厅、美术馆等。深圳市当代艺术与城市规划馆这一建筑本身就是一件现代设计作品，室内设计也匠心独运。人们一进门就可以看到一个巨大的椭圆体流线型镜面不锈钢雕塑，非常有未来感。这个独特的雕塑叫"云中心"，灵感来源于"畅游的行星，游弋的海豚，漂浮的云"。云中心其实是一个不规则的单体雕塑，从不同的角度会看到它不一样的形态，孩子一看到它就会被震撼。

❋ 4.4 表情艺术

表情艺术包括音乐和舞蹈。

音乐

这个想必大家都不陌生，但是音乐启蒙绝不是放放儿歌就可以了。德国教育家福禄贝尔认为，律动对孩子的发展有着不可或缺的作用。音乐能够深刻影响孩子的内心世界，提升他们的感受力、想象力和表达能力。而跟随音乐律动，更是孩子通过肢体语言、感官体验和心灵投入来探索和理解音乐的重要途径。

家长不要只把音乐当作背景，而要认真地听，主动、专注地感受，在家庭中营造积极的音乐环境。用来启蒙的音乐不一定是优雅的古典音乐，只要是让我们喜欢并且感到开心的音乐就可以。只要孩子能够感知到音乐里面的情绪，就是好的。

带孩子感知音乐，首先是和孩子一起聆听积极的音乐，常规的儿歌、童谣都可以，旨在激起孩子对音乐的兴趣，但是家长要注意歌词的价值取向是不是正确的。

之后，家长再逐步引入适合孩子并且孩子能够听懂的古典音乐。推荐柴可夫斯基的《胡桃夹子》和《天鹅湖》，这两首曲子都是具有儿童音乐特色的乐曲，并且都是芭蕾舞剧的音乐，可延展体验的机会更多。普罗科菲耶夫的《彼得与狼》是一部专门为儿童写的交响童话，作曲家用不同的乐器声音刻画不同的人物和动物的性格、动作和神态，每个角色的形象都很鲜明。这样有故事、有情节的古典音乐就非常适合给孩子听，可以帮助刺激孩子的音乐想象力和情绪力。

最后可以根据孩子的喜好，让孩子接触至少一种乐器，以亲身参与的方式感受音乐的魅力。不一定要送孩子去学习专业的乐器课程，但是有参与和尝试的经历还是很有必要的。

舞蹈

舞蹈是一种运动的艺术，也属于著名教育学家、心理学家霍华德·加德纳提出的"多元智能理论"中的"身体动觉智能"。儿童舞蹈就是孩子运用身体动作，将表演和音乐相结合的一种艺术表现形式。

家长可以鼓励孩子进行自娱性舞蹈尝试,并不是所有孩子都适合去专业机构学习,尤其是学龄前的孩子,因为身体发育还不完全,超量的运动量可能会导致孩子肌肉变形,不当的练习也容易对身体产生不好的影响。因此,建议带孩子参与以娱乐为主的舞蹈活动,让孩子在轻松愉快的舞蹈活动中感受身体的律动和美的愉悦,有利于孩子的身心健康。

带孩子感知舞蹈的方法如下。

(1) 观看现场的舞蹈表演

现场的舞蹈表演和电视里面的舞蹈表演给人感觉上的差异还是很大的。舞美、服装、音乐氛围融合在一起的舞蹈是非常具有美感的,比如在春晚惊艳众人的《只此青绿》在全国都有巡回演出,可以带孩子去切身感受中国传统美学下的宋风舞韵,接受一场视觉的洗礼。

(2) 带孩子体验简单的舞蹈

想要孩子体验舞蹈,可以先给孩子看一些模仿动物的舞蹈,这些舞蹈相对来说比较简单,容易让孩子理解动作并控制自己的肢体,比如兔子舞、小鸡舞、青蛙跳等都是不错的选择。然后再让孩子学习一些动作简单的儿童舞蹈,之后再根据孩子的兴趣去选择适合他们的舞种。

不建议让孩子过早地长时间练习舞蹈基本功,很多研究表明,学龄前的孩子长时间练习高难度基本功,对孩子的身体而言,总体来说弊大于利,并且这种练习对舞蹈机构的专业度要求比较高。因此,不准备让孩子走专业舞蹈路线的家长让孩子多尝试或体验不同的舞蹈类型就好,更重要的是让孩子享受舞蹈带来的乐趣。

✳ 4.5 综合艺术

戏剧和戏曲

适合孩子看的戏剧主要是儿童戏剧。儿童戏剧是指用儿童能理解和接受的语言、肢体、表情等表现形式进行故事表演，让儿童观看或参与表演，通常剧情浅显易懂、气氛活泼，有较强的互动性，有教育性质。

戏曲是中华优秀传统文化，近些年来，多地的中小学开展了"传统戏曲进校园"主题活动，让孩子早些接触戏曲，耳濡目染，对他们感受和理解传统文化是很有帮助的。

与儿童戏剧和戏曲有关的各类文化活动近些年来越来越多，这两种艺术形式也逐渐受到大众欢迎。观看、参与戏剧或戏曲表演可以培养孩子的多种综合能力，如共情能力、空间想象力、逻辑推理能力、肢体协调性、团队协作能力和自我表达能力等，让孩子沉浸在艺术世界中感受其魅力的同时，提升审美趣味。

孩子都喜欢过家家，这其实是属于孩子想象力的游戏，也是戏剧的萌芽。和虚构或想象中的朋友、怪兽、超人等对话、玩耍，在幻想的世界里体验现实中没有的神奇和快乐，这是孩子的表演天性。

家长可以适当参与孩子主导的过家家游戏或其他戏剧性游戏，扮演游戏中的其他角色，像即兴演员一样回应孩子的问题和想法，让孩子的戏剧性游戏能够更加生动和丰富。对于孩子来说，戏剧性游戏的情节不是大人预设好的，而是基于孩子扮演的角色自然发生的，对此，家长要遵循"以孩子为主导"的原则，顺应情节发展。

当孩子扮演角色的时候，他们会尝试处理角色之间的关系并学会相互配合，在面对突发情况时会尝试运用自己的应变能力去解决问题，从而产生自己的思考，克服害羞与焦虑，释放自己的内心。

家长可以带孩子去观看相关的演出（如果孩子的英文不好，就不推荐带孩子去看全英文的剧目，孩子听不懂时会容易烦躁不安），感受戏剧和戏曲的魅力，鼓励孩子积极参加学校的相关活动。如果孩子对此很感兴趣，我们就可以给孩子报相关的研学活动或兴趣班。

带孩子感知戏剧及戏曲的方法如下。

（1）和孩子一起看优质的戏剧和戏曲节目

目前有非常多寓教于乐的儿童剧，有的还具有戏曲主题或审美元素，家长多注意本地的演出信息，会发现很多令人惊喜的剧目。但是，家长要注意挑选适合孩子年龄段的剧目，可以看看剧目主办方建议的观众年龄，并结合孩子的兴趣情况进行选择。对年龄偏小的孩子，建议选择剧场小一点的，人物关系简单一点、故事相对好理解的剧目，这样孩子的观感和体验感会更好。

（2）鼓励孩子体验戏剧和戏曲活动

现在的幼儿园和中小学校会举办一些节日活动，安排孩子们排演话剧或者舞台剧，此时家长可以鼓励孩子参加。和孩子在家里一起扮演角色、演绎剧目也是不错的体验方式。之前我带孩子去看白雪公主故事的儿童戏剧，回来后孩子不知道拉着我们排演了多少遍相关剧情，这也是特别好玩的亲子互动方式。

音乐剧和歌剧

音乐剧和歌剧都是以声乐为主的综合性艺术体裁，在舞台上主要以歌曲和音乐讲述剧情，又融合了舞蹈、戏剧表演、舞台美术、服装设计等艺术形式，具有较高的审美艺术价值。二者的区别在于，歌剧在题材和表演技巧上偏传统、高雅、古典，而音乐剧的演出风格会更现代、通俗、流行。相较来说，音乐剧的表现形式更自由、互动性更强，孩子的接受度也会更高。

有条件的话，家长可以带孩子去现场看合适的音乐剧和歌剧。看音乐剧的儿童的年龄段比看儿童戏剧的高一点，看歌剧的儿童的年龄段比看音乐剧的高一点。

有些经典的音乐剧会有电影版本或官方录制的舞台剧版本，家长可以在网上搜索一下，先跟孩子一起在家看，再去现场看，效果会更好。先在家里看相关剧目，可以让孩子提前熟悉剧情，还可以看看孩子对这个剧目感兴趣的程度，之后再去看现场，孩子就可以直观地感受到现场的舞台表演和电视屏幕上的差别，现场效果带给孩子的震撼也会让他们印象深刻。如果周边没有合适的剧目演出，只看影视版的剧目也是可以的。

当然，如果去现场看表演，也别忘了告知孩子观看演出时的规则：千万不能迟到，迟到了只能等待，直到规定时间再入场；不能大声喧哗；不能吃东西；提前去洗手间，演出期间尽量不要走动，不然会影响其他人的观看体验。

推荐带孩子去看的音乐剧和歌剧如下。

(1)《美术馆奇妙夜·星夜》中文版

这是一部艺术启蒙的儿童魔术剧,剧中将凡·高、莫奈、达·芬奇等大师的名画和巴赫、肖邦、舒伯特的名曲分别与魔术进行创意结合。观赏此剧,如同带着孩子沉浸式体验一场奇妙的美术馆之旅,剧中还会有一些互动环节。适合2岁以上的孩子。

(2)《敦煌奇妙夜》

这是一部音乐舞台剧,讲述了一位爱好冒险的小女孩莉娜穿越到了敦煌戈壁,遇到了丝路商人巴巴亚和敦煌守护神鹿鸣,并和他们一起踏上了寻找天宫乐器的探秘之旅。剧中选取了飞天、九色鹿、金翅鸟等莫高窟壁画中的经典元素,伴随着传统国乐和现代科技舞美,为孩子展现了古典又梦幻的敦煌文化。适合3岁以上的孩子。

(3)音乐剧《放牛班的春天》中文版

原版法国音乐电影《放牛班的春天》讲述了一位怀才不遇的音乐老师马修用音乐打开孩子们封闭心灵的故事。同名中文版音乐剧里面有很多小演员,他们的声音空灵悦耳,歌声很惊艳,故事也温暖感人。适合6岁以上的孩子。

电视和电影

电视和电影大家都不陌生,但是如果给孩子看,一定要注意选择合适的节目,除了注意故事情节和语言形式之外,也要注意视觉的美观程度。

非常不建议让孩子拿着手机"刷"短视频,短视频不仅分散注意力而且有成瘾的危害,这对大人来说都是很不好的,更别说自控力很弱的小孩子。

电视可以在孩子2~3岁时给孩子适当看看，每次看电视的时长不要超过20分钟，而且一定要选合适的内容，比如儿童美育节目和适合儿童看的纪录片。

电影的时长比较长，不建议给6岁以下的孩子看，也不建议带6岁以下的孩子进电影院。电影院昏暗的环境、高分贝的声音对孩子发育未完全的视力和听力都是不友好的。

推荐7部适合孩子的美育节目和纪录片，如下。

（1）《艺术创想》

这是一档非常老牌的艺术类儿童节目，画质已不太好了，但是节目里的创意放到现在都很新颖。主持人尼尔叔叔利用身边的废旧物品制作创意手工品，500集节目的创意想法竟然都没有重复的，简直是创意无限，适合4~16岁的儿童和少年。

（2）《啊，设计》

这是设计大师佐藤卓花费6年时间策划制作的儿童美育节目，每集15分钟。节目从生活实际出发，用通俗易懂的方式讲解设计原理和思路，视角独特，手法新颖，适合4岁以上的孩子，有助于培养孩子的设计思维和审美能力。

（3）《水果传》

这是一部关于水果的纪录片，片中的水果多是孩子在日常生活中能够见到的。这部纪录片用生动的画面讲述了每种水果来到我们生活中的历程，其中有我们可能还没有见过的水果，是集美感和科普为一体的优质纪录片。

（4）《奇趣美术馆》

这是一部喜剧风格的系列纪录片，用风趣幽默的方式展现名画背后的奇闻轶事,一集只有一两分钟,一幅画分三集讲述。演员扮演名画中的人物,通过他们有趣的动作和对话,传达了与该画作和时代背景有关的知识,剧情和台词都"脑洞大开",生动活泼,适合4岁以上的孩子。

(5)《微观小世界》

这个系列的纪录片特别适合低幼龄宝宝,全程没有对白,都是可爱的小昆虫,实景和动画相结合,适合微小事物敏感期的孩子,帮助孩子训练观察能力,每集5分钟,适合2岁以上的孩子。

(6)《如果我是一只动物》

这个系列的纪录片旁白是两个小孩子的对话,从小孩子的视角讲述可爱小动物的出生和成长,里面的心理活动都符合孩子的思维方式,每集5分钟,适合2岁以上的孩子。

(7)《地球:神奇的一天》

这是一部带观众沉浸式参与自然世界一天旅程的纪录片,时长为90多分钟,讲述一天之内地球上不同属地、种类、习性的动物们在做些什么,用无数个不同动物的瞬间组成了地球的一天。视觉效果极好,展现了地球的神奇、自然的灵气,适合4岁以上的孩子。

❋ 4.6 民间艺术

广义的民间艺术包括民间工艺美术、民间音乐、民间舞蹈、民间戏曲等各种艺术形式,比如剪纸、皮影戏、刺绣、农民画、民间雕塑、编织、风筝、染色工艺(扎染与蜡染)、脸谱、年画等,以美化生活环境、丰富民间风俗活动为目的。

带孩子感知民间艺术的方法如下。

（1）和孩子一起玩影子游戏

可以带孩子先在家里体验影子游戏的乐趣，关灯之后、睡觉之前，打开手机灯光，和孩子躺在床上玩手影游戏，模拟小动物进行简单的对话。之后可以带孩子制作简单的皮影戏手工制品，模拟皮影表演。

（2）带孩子参与与民俗文化有关的活动

现在越来越多的艺术美育机构都有和民间艺术相关的课程，尤其是在传统节日节气的时候，一些社区、商场、博物馆也会推出民间艺术的体验活动。家长带孩子积极参加这类活动，可以让孩子多多体验内涵丰富的民间艺术。

（3）和孩子一起阅读民俗类绘本

我们可以先通过绘本给孩子进行民间艺术方面的科普，如果孩子感兴趣，在有机会近距离接触民间艺术的时候，孩子就会更主动、深入地去了解。

推荐绘本"中国非物质文化遗产图画书大系"，这套书用图画的形式介绍了一些"非遗"项目，其中《影子爷爷》一书用诙谐、轻松的基调展现了民间皮影戏的淳朴与自然。此外，绘本《吹糖人》用孩子的视角讲述了老北京街头手艺人吹糖人的故事；绘本《蜡染与撑天伞》则采用双重故事线，一边讲蜡染的过程，一边讲神话故事，让孩子在了解蜡染工艺的同时探究故事中的虚实。

多接触不同的艺术形式，体会不同种类、不同风格的美和文化内涵，让我们被艺术营养喂大的孩子的审美、思想、格局都得到较大程度的成长。

　　孩子的童年很短，尽我们所能带他们看更大的世界，感受各种各样的美好，让他们对这个世界充满敬畏并保有美好的期待，以及拥有克服困难的勇气和信心。

辑四
了解你的孩子和他的艺术

1. 有迹可循：儿童的艺术发展规律

你还记得孩子第一次画画的场景吗？孩子看着纸面上随着自己的手移动而出现的点或者线条，发出咿咿呀呀的声音，眼中放出惊喜的光芒。孩子此刻的感受不亚于发现自己有特异功能，感觉自己可以掌控世界，好奇心和自豪感也大大增强！

这时候的孩子是最具艺术创造力的，家长想要抓住孩子的天才期，首先要做的就是深入了解孩子的艺术发展规律。孩子的艺术发展能力是有迹可循的，了解这些内容之后，我们的引导才能做到有的放矢，同时家长也不会太焦虑。

❈ 1.1 何谓儿童的艺术发展规律

我之前说过，0~6岁是孩子的艺术启蒙期，也是大多数孩子从涂鸦期进入图式阶段的年龄区间。涂鸦期一般从孩子刚刚会走路时开始，也就是1岁左右，大部分孩子的涂鸦期会持续到4岁。

涂鸦期可以大致划分为3个阶段。

①1~2岁：无意识涂鸦期。

②2~3岁：有意识涂鸦期。

③3~4岁：命名涂鸦期。

孩子每个阶段的发展特点和绘画特点都有些差别。涂鸦期孩子具体的发展特点、绘画特点和家长注意事项见下表。

年龄	发展特点	绘画特点	家长注意事项
1岁左右	每个孩子独立行走的时间不一样，11个月大到15个月大的都有	独立行走是孩子涂鸦开始的标志，此时孩子可能会眼睛看着别处，手在无意识地画，画出来的多为点和短而弯曲的线	让孩子多爬行，有助于涂鸦能力的提升
1.5岁之前	孩子的手部开始能够做以肘为轴心的左右运动	孩子会一边看着画面一边画，最后画面的大部分是半圆形的涂鸦，也会有蚯蚓样的线等不规则的线条	尽量给孩子粗一点的、好着色的蜡笔，增强孩子的涂鸦自信心
1.5~2岁	从肘和肩可以不同时运动发展到手腕可以灵活地运动	孩子开始画连续的圆和上上下下的竖线涂鸦	给孩子足够大的纸，大小至少在A4以上
2~3岁	孩子可以把意识集中在手指尖，即用指尖捏东西，意味着孩子手的功能和精细动作发展良好	孩子的涂鸦变得有意识了，圆开始封口了，圆圈可以代表一切事物，开始主动对画面进行解释	不要教孩子画具象的事物，不要纠正孩子的解释，不要干涉孩子的创作
3~4岁	孩子会非常喜欢情景模仿游戏，手部动作灵活，开始明白自己和他人的区别、大和小等对比关系	孩子会给画面赋予意义，甚至有故事情节，会画太阳、表情等，能够讲述画面内容	耐心听孩子"讲画"，保存孩子的绘画作品，不批评、不纠正

紧接着是孩子4~6岁的阶段。这个阶段的孩子对概念的掌握在

数量上是快速增长的,对人物形象的归纳总结也开始从部分转为整体。

4岁的孩子会将自己脑海中对事物的印象直接用绘画表现出来,渐渐脱离涂鸦期,进入前图式阶段,画面表现的是他们直观的认知和感受。

儿童(2~6岁)涂鸦中的人物形象变化

5~6岁的孩子开始关注事物和事物之间的关系。在6岁左右的孩子的笔下,画面中开始出现"基地线"(比如分割地面和天空的水平线,将画面分割为左右的垂直线),"基地线"的出现意味着孩子会区分平面空间了,这和孩子刚会画圆圈一样,也是里程碑式的发展。

由此可知,孩子的发展历程都是有规律的。这一规律来源于孩子手臂各部分发育成熟、变得灵活的顺序——先是肩膀到手肘,再是肘部到手腕,最后是手腕到指尖。手部的发育过程加上大脑的发育、意识的发展,从而形成了无意识涂鸦期、有意识涂鸦期和命名涂鸦期三个不同的涂鸦阶段,以及之后的图式阶段。

大约在4岁后,孩子进入图式阶段,他们在创作之前会提前构思要画什么内容,绘画是他们日常生活中的印象反映。接着他们会思考事物与事物之间的关系，从局部观察到整体刻画。

这就是学龄前孩子的艺术能力发展规律。

❋ 1.2　家长要注意的3个原则

不要中途打扰孩子创作

在无意识涂鸦阶段，孩子不会有意识地为自己的画赋予意义，也不会想画什么就画什么，他们脑海里是没有任何具象的绘画意识的。而在有意识涂鸦阶段和命名涂鸦阶段，孩子沉浸在涂鸦之中，他们的身体和思维在一起创作，就像武林高手练功一样，涂鸦是他们非常专注的时刻，想象力也在最大限度地运行，如果贸然打断，孩子的思绪就戛然而止了，想象力的翅膀也瞬时被折断，专注力和想象力受到影响，就更难培养创造力了。

所以孩子在涂鸦的时候，家长要不打扰、不提问，非邀请不参与。

不引导画具象的事物

涂鸦期的孩子最具有创造性了，但是家长常常不自觉地把自己的意识强加给孩子。家庭里面常见的带孩子画画的场景可能是这样的：

"我们来画个狗狗吧？这是狗狗的头，这是它的尾巴，再画个骨头……"

"我们来画根香蕉吧！香蕉是黄色的……"

事实上，让涂鸦期的孩子画具体事物是完全超越了他们现有能力的，孩子的绘画能力是有客观规律的：点—无规则的线—未闭合的圆—闭合的圆—圆可代表一切—开始体现事物特征的图—具象图—抽象图。

如果家长期待孩子画出的东西超出了孩子的能力范围，最后往往就变成了家长代笔、孩子配合。总是这样做，对孩子的影响并不好，轻则让孩子开始畏难，失去主动涂鸦的兴趣，重则被禁锢想象力，难以再开展天马行空的想象和创造。

学会倾听和理解

我们不提倡在孩子画画时提问和引导他们，但是孩子自己主动说的时候，我们需要及时回应。虽然孩子此时的语言还不成熟，但是多少会有一些词语蹦出来。当孩子自己讲述画面的时候，我们要做好耐心倾听的准备，尽量理解孩子的话和孩子解读的画面。

我们对孩子所作画面的理解，要从孩子的语言描述出发，不管他们说的和画面有多么不符，我们都要顺着他们的话说。夸奖孩子的话要从他们所作的画面出发，比如我们看到的是圆圆的图形，那我们就夸奖孩子圆圆的图形画得好，这样的表扬会让孩子觉得是实在的，是家长认真看了画之后的表扬，同时也能让孩子知道他们画的形态是什么。

斯托纳在《斯托纳夫人的自然教育》一书中提到，每个孩子都有天赋，只要接受恰当的早期教育，都可以成为天才。

作为家长，我们要知道孩子的艺术启蒙在6岁之前最关键：1~4岁是涂鸦期，有条件的可以让孩子尽情涂鸦；4~6岁属于图式阶段,家长应遵循孩子的发展特点,懂得倾听、理解孩子的艺术表达。

我们要相信,每个孩子都可能是"毕加索",我们要顺应孩子的艺术发展规律,在此过程中及时给予鼓励和反馈。艺术可以自然发生,我们只需静待花开。

2. 作品会说话：听见孩子的内心表达

我一直强调不要打扰孩子的创作，最主要的原因是以绘画为主的创作其实是孩子内心最直白的表达，一旦被刻意引导或被破坏最直接的表达方式，我们可能就很难再看到孩子的真实内心，孩子也失去了一个很好的情绪出口。因此再次告诉各位家长：不要打扰孩子的创作，我们静静地陪伴和观察就好。

这一节的内容结合了儿童绘画心理学的原理，帮助家长解读孩子的画面，从而了解孩子的内心表达。要知道，懂孩子是引导孩子的前提。

❋ 2.1 线条

线条是画面最基本的组成形式之一，也是孩子最早学会的绘画语言之一。不同的线条给人的感觉是不一样的：垂直的线给人端正、挺拔和向上的感觉；水平的线给人平静、安定、延伸的感觉；曲线给人流畅、优美且生动的感觉；斜线给人动态、变化和紧张的感觉；断裂和不规则的线给人不安、不稳定的感觉；重叠混乱的线给人压抑、烦闷和聒噪的感觉。

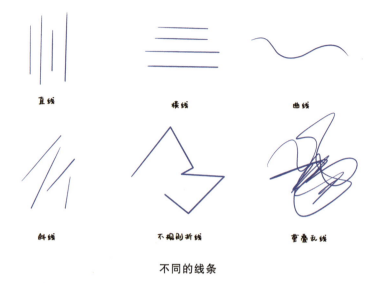

不同的线条

大家可以看着上图，体会一下不同的线条传达出来的感受。

孩子的画也能透露出这些情绪。

如果孩子画里的线条又浅又细，显得轻飘飘的，表示孩子的内心是比较胆小并且不自信的；相反，如果孩子画的线条又浓又重，表示孩子很活泼好动，并且内心比较坚定、有主意。

如果孩子画的线条深浅均匀，表示孩子的控笔能力很不错，并且相对来说比较循规蹈矩、有分寸。如果孩子的画中以长线条为主，说明孩子自我控制力强；而画短线条更多的孩子会相对冲动和兴奋一些。喜欢画直线条的孩子，目的性会比较强，情绪也更稳定；所画线条多弯多圆的孩子会更有共情力和同情心。

如果孩子喜欢画曲线，表示孩子温和而敏感；如果孩子喜欢画大量的横线，表示孩子的内心有比较多的冲突；如果孩子喜欢画细小的点或者圆，表示孩子细腻而谨慎。还有，看看孩子画的线条是向外多一点还是向内多一点。线条向外多的，表示孩子的性格更加外倾；线条向内多的，表示孩子的性格更加内倾。但不管孩子的性格是外倾还是内倾，不管孩子是细腻敏感还是开朗活泼，我们都应该遵循孩子的天性，接纳孩子远比改造孩子重要。

❂ 2.2　构图

构图是审美非常重要的组成部分，构图考验孩子对整个画面的把控和规划能力。孩子一开始不会带着整体的构图意识去涂鸦，他们更多的是从自己最关注的局部出发。

我们要关注的点是，孩子是总在画纸中的一小块地方涂鸦，还是会在画纸的大部分地方涂鸦。《你的孩子和他的艺术》里面提到，如果你的孩子不管纸张大小，总是只用其中一小部分或者总是在角落涂鸦，那你就需要提升孩子的安全感了！

如果不是经常出现这样的情况，家长就不用太过担心。因为有些孩子就是动作幅度比较小，并且认为在小区域涂鸦更有安全感，这样的情况下我们可以多鼓励孩子尝试更大的动作和纸张，还要带给孩子更多的关注和关心。

相反，如果孩子总是在纸上画得很满，每画完一个区域，就能够意识到还有其他区域没有画上，然后移动自己的画笔填满它，这个动作就表示孩子能够意识到画面和动作之间的关系，并在无意识地追求构图的平衡了，这样的孩子更具创造力。

另外我们还可以去看看孩子画面的主体位于纸张的什么位置，这也显示着孩子内心的一些想法：

①画面主体在纸张的左侧，暗示孩子的内心偏向于过去，也代表着孩子与母亲的关系更为紧密和融洽。左侧，是回忆的港湾，是温暖的怀抱，是成长的起点。

②画面主体在纸张的右侧，暗示孩子倾向于受未来的指引，也代表着父亲对孩子的影响力是比较大的。右侧，是探索的方向，是进取的象征，是成长的挑战。

③画面主体在纸张的上部，我们看到了孩子高层次的思想和乐观的心态。他们思绪飞扬，梦想着更广阔的世界。上部，是理想的天空，是希望的种子，是成长的翅膀。

④画面主体在纸张的下部，则暗示着大地的力量和低落的情绪。这样的孩子相对沉稳，他们明白生活的规则，也因此更加务实和坚韧。下部，是坚实的大地，是经验的积累，是成长的根基。

⑤如果孩子总是画在纸张的边缘或底部，就暗示了孩子的不安和缺乏自信。他们需要更多的支持和鼓励才能勇敢地迈出独立的步伐。边缘或底部，是迷茫的角落，是恐惧的峡谷，也是成长的转折点。

画画的顺序也揭示了孩子内心的倾向。从左至右画，显示了孩子对未来的向往和对现实的接纳；而从右至左画，则反映了孩子对过去的怀念和对自身潜意识的探索。

当然，这些规律仅适用于惯用右手的孩子。

在儿童人物画中，人物的位置和排列顺序也大有深意：位于画面正中或离孩子最近的人物，通常是孩子心中最重要的人。画中人物的位置，反映了他们在孩子内心世界的权重和价值排序。

以上结论不一定适用于每一个孩子，仅供家长参考。

❋ 2.3 颜色

颜色是最能表达情绪的绘画语言之一,众多心理学家深入研究并赋予了各种颜色特定的情感含义。

相较于成人,儿童在运用颜色表达情绪时往往更为直接和鲜明。当孩子心情愉悦时,他们倾向于选择温暖、明亮的色调,有时甚至会用五彩斑斓的"彩虹色"来描绘自己的快乐。相反,当他们感到伤心或低落时,冷色系的颜色如蓝色和黑色则更常被用来表达这种情绪。

值得注意的是,家长不能仅凭这些常规的颜色选择就简单地判断孩子的情绪状态如何。每个孩子都是独特的个体,他们的情绪表达方式和色彩选择也因人而异。

因此,在解读儿童画作时,我们需要结合孩子的具体情况和画作的整体氛围综合进行判断。

孩子一般会有特别喜欢的颜色,如果孩子喜欢蓝色或绿色,那么他们也会用蓝色或绿色表达开心;自然,孩子也会用讨厌的颜色表达烦闷,如有些孩子就不喜欢红色,认为那是危险的颜色。所以,我们在判断颜色情绪的时候,要综合孩子的喜好、生活环境等各种因素,知道某种颜色对于孩子的特殊意义,而不是一概而论。

色彩心理学中,很多颜色的含义(包括情绪及其他意象)有两面性,举例如下。

颜色	正面含义	反面含义
红色	温暖、活力、热忱	危险、警告、死亡
蓝色	自由、独立	孤独、忧郁

续表

颜色	正面含义	反面含义
黄色	积极、温暖	生气、嫉妒
黑色	理智、沉稳	危险、悲伤
白色	清新、新鲜	未知、空虚
绿色	希望、生机、健康	危机、消极、嫉妒
紫色	神秘、宁静	压抑、悲伤
橘色	温暖、希望	侵略、暴躁
褐色	厚重、温暖、踏实	混乱、矛盾、复杂

每种颜色都可能有不同的含义，有些含义甚至是相互对立的，因此我们在观察孩子用色的时候需要结合孩子对颜色的情感定义。比如妈妈很喜欢穿黑色的衣服，黑色对于孩子来说就没有那么可怕，因为那是代表妈妈的颜色并且是妈妈最喜欢的颜色。再比如有些小孩很不喜欢绿色的蔬菜，他们对绿色的直接感知就是"很难吃的东西"，于是会把绿色画在他们不喜欢的东西上面。

这些都需要我们自己细致观察和分析，慢慢地，我们会发现孩子内心更多的情感以及孩子的视角是怎样的，这样就能结合孩子的画作更好地了解孩子的世界。

任何养育都是建立在充分了解对方的基础之上的。如果想要了解更多关于孩子绘画心理的内容，我非常推荐严虎博士的《儿童绘画心理学》这本书，里面的案例非常符合中国孩子的情况。

当我们对一件事情理解得不够清晰的时候，就容易做出很多盲目并且错误的行为，因此多了解孩子，我们才能够懂孩子。读懂孩子的画可以是走进孩子内心世界的有效途径。

3. 深度了解孩子：创造与心智成长

著名艺术教育家维克多·罗恩菲德的著作《创造与心智成长》是写给美术教育工作者的，同时也是写给那些想要了解儿童心智和情感发展之人的。这本书很厚，也很专业，但是有很高的实用价值。作者将孩子的艺术表现总结为相应的心智成长，帮助家长更加细致地了解孩子。因为涉及孩子的心智和情感发展，所以这本书的理论不仅可以应用于艺术启蒙方面，在整个养育孩子的过程中也是非常有帮助的。

这一节，我将结合这本书里面适合家长吸收和参考的观点，给大家讲讲作为家长可以关注哪些方面，有助于我们更好地了解我们的孩子和他们的艺术。

❀ 3.1 孩子成长的 7 个方面

罗恩菲德在《创造与心智成长》里面把孩子的成长概括为 7 个方面：情感成长、智慧成长、生理成长、感受成长、社会成长、美感成长、创意成长。

①情感成长需要家长更多地关注孩子作品中的情感抒发。孩子的作品与他的经验的关系，通过作品判断孩子是否存在情感失调和

安全感缺失的问题。

②智慧成长就是我们日常理解的智力发展和获取知识的能力。《创造与心智成长》一书中的观点是"儿童的美感或者技巧通常赶不上他的智力成长",主要原因是大家通常比较注重孩子的智慧成长,但是情感和智慧之间的平衡对于健全人格的发展是极为重要的。

③生理成长反映在技巧和行为上,创造活动的发展规律大多遵循孩子的生理发展规律,比如孩子的手可以抓握了,他们就会尝试涂鸦。

④感受成长指的是孩子感官的成长,对周围事物的感受能力的成长。没有受过艺术熏陶的孩子,感官的敏感度相对来说比较弱,但它对孩子享受生活、感知自我和他人情感尤为重要。

⑤社会成长是指孩子在群体中角色的成长,还有他们在创作过程中能否面对自己的经验,能否以自身的经验体会他人的经验,最后不仅能够发现自我和自我的需要,同时也学会体谅别人的需要。

⑥美感成长是"在儿童的创作里,儿童对思考、感觉和感受等整体经验日益敏感。"

⑦创意成长是独立运用前面6种成长因素来综合表现的。人和动物的一个区别就是人会创造而其他动物不会,创造力是每个人与生俱来的直觉,而艺术教育的最高宗旨就是保留我们最原始的创意直觉,并和成熟的心智匹配。

❊ 3.2 情感成长和感受成长

大致理解了孩子成长的7个方面之后，是不是感觉每一种成长的时机我们都不想错过？

其实作为家长，我们应更多地关注孩子的情感成长和感受成长。因为生理成长规律相对客观，除了特殊情况，大多数孩子都差不多；智慧成长往往是家长最关心的；社会成长多在集体生活中发生；美感成长和创意成长则是综合了其他成长方面的隐性成长，家长很难把控，我们可以把对这两种成长的引导交给更专业的人士，或者让它们在情感成长、感受成长日益完善的情况下自然成长。因此，当下我们应重点关注孩子的情感和感受成长。

在孩子情感成长和感受成长过程中，有两个非常值得关注的点。

孩子涂鸦时有没有"定型重复"？

"定型重复"是一个专业术语，在绘画方面就是指孩子一再重复同样的线条或图形，动作缺乏连贯性，中途会中断。相比之下，自由重复的涂鸦更加流畅。这些情形一般出现在涂鸦期早期。因为定型重复是僵硬刻板的征兆，所以需要家长引起重视，我们可以通过引导孩子，避免他们形成定型重复的习惯。

有的孩子之所以会定型重复，是因为相同的形状和线条会带给他们一种安全的感觉，他们不想面对新的尝试和挑战。有的孩子会因为不喜欢自己的动作而时常中断，这样的孩子比较缺乏自信心，往往画出的线条的力度不足，方向单一。

为了帮助孩子克服这一问题，建议家长引导孩子多角度地尝试，不断改变线条的方向。家长还可以考虑让孩子尝试多种材料，体验不同的感觉，比如可以暂时用吹塑纸代替画纸，让孩子在上面刻画出痕迹和线条。因为刻画时需要使用一点力量才能使吹塑纸凹陷下去，这样就可以帮助孩子强化线条体验、增加涂鸦力度，更好地释放能量和情绪。

除此之外，在涂鸦期后期，有的孩子可能会重复同一主题，比如人物、飞机、恐龙等等。对此家长不必过于担忧，出现这样的情况有很多种原因：可能是孩子对某一种事物情有独钟，也可能是孩子的心智还不够灵活，尚不能探索、想象和创作更多的事物，喜欢待在自己的"舒适区"。这些都是可以理解的，我们只要稍加引导就好，在他们的兴趣点上帮忙加以拓展，比如孩子喜欢画飞机，我们就告诉孩子有各种各样的飞机，引导孩子观察不同飞机的特征，然后鼓励他们发挥想象力，尝试创作出风格独特的飞机。

孩子是否喜欢触碰软泥玩具？

这里我想提醒家长注意的是孩子对于特殊材料的触感的接受程度。软泥玩具如橡皮泥、超轻黏土等具有软而黏的特点，有些孩子会非常喜欢，有些孩子可能不喜欢。

很多孩子触觉敏感，有的小月龄的孩子被家长放在沙滩上或者草地上时，就试图让自己的小脚丫不触碰到沙子和草，原因就是他们的触觉很敏感，加上触觉刺激不够，他们不知道这些触感代表着什么，所以会比较害怕。

我们不要强迫孩子立即适应他们此前没接触过的触感，而是可以多找几种材质、触感不同的材料给孩子感受，比如橡皮泥、超轻黏土、泥巴、沙子，引导孩子多尝试感受一些材料，可以帮助孩子破除触觉敏感。

超轻黏土是比较常见的艺术创作材料，我们可以观察孩子对超轻黏土的态度和创作方式。孩子在用超轻黏土做造型时，是从局部"零件"制作到组装成型，还是从一整块入手，逐步完善细节、塑造成型？大部分孩子是从局部入手的，但是也有一部分孩子从一开始就有"整体思维"，这些都是可以的，我们不要改变孩子自己的创作流程。

类似超轻黏土这种立体可塑的材料，有利于孩子立体空间感的形成，对图像思维的训练也是很有效果的，孩子会在玩超轻黏土的过程中，从简单地揉捏逐步向使用图像思维转变。

这一节的重点是想要家长了解：孩子的任何行为都是孩子心智成长的投射，作为家长更应该关注孩子的情感成长和感受成长。

在情感成长上，我们要关注孩子是否有艺术自信和安全感，如果没有，我们就要更多地鼓励和关怀孩子，让他们放开手去涂鸦，去释放他们的情感。

在感受成长上，我们要多给孩子感受的机会，帮助他们打开所有的感官——听觉、视觉、嗅觉、味觉和触觉。我们要尽可能多地让孩子去体验、观察和感受，帮助孩子了解自己、理解世界。

下面两张表可以帮助家长判断孩子情感成长和感受成长的情况。

情感成长判断表

年龄	观察要点
2~4岁	孩子是否喜欢涂鸦？涂鸦是否很少"定型重复"？涂鸦里的线条是否流畅，很少中断？孩子的动作是否果决而有力？动作的强度和方向是否有变化？
4~7岁	与之前相比，画面上有没有增加细节？画的内容是否具体，表现了细节？孩子是否经常改变他对"人""树"或"眼睛""鼻子"等细节的观念？孩子的绘画主题是否常常变化？孩子是否或多或少地夸张化了画面的重要部分？孩子在对线条和色彩的运用上是否很明确，显出孩子对作品的自信？孩子是否描述过对他很重要的事物？

感受成长判断表

年龄	观察要点
2~4岁	孩子是否表现了做大动作的欲望？孩子是否喜欢触碰超轻黏土的感觉？孩子是否用视觉来控制他的动作？孩子涂鸦的时候，是否用不同的颜色代表不同的事物或含义？
4~7岁	除了几何式的线条外，孩子还使用更复杂的线条吗？孩子会描述动作或声音吗？孩子画画时会根据物体而选用不同的颜色吗？孩子玩超轻黏土时是否从整块儿开始塑造？

这两张表是基于孩子发展的一般规律而给出的参考情形，旨在让家长关注孩子绘画过程中更多的细节表现。

如果孩子表现得并不理想，家长也不要着急，每个孩子都是不一样的，表现上有些出入也很正常。我们要关注孩子行为背后的原因，始终把注意力放在孩子的身上而不是作品的结果上。作品不是一定要评估的，而且只评估作品会让孩子的关注点从创作过程转移到完成结果上面，从而让我们失去很多深度了解孩子的机会。

4. 积极反馈：有效夸奖和无效赞美

此前我已强调过，我们要给孩子积极的反馈，但是到底要怎么夸才能够夸到点子上呢？要通过怎样的语言和行为，才能树立起孩子的艺术信心和创作内驱力呢？

❋ 4.1 积极反馈的目的

首先我们要清楚积极反馈的目的是激发孩子的内驱力，让孩子从"我被安排画"变成"我要画"。马斯洛的需求层次理论认为，人的最高追求就是自我价值的实现。对孩子来说，当自我价值感被满足，他便很喜欢去做某件事情。成年人的认可和夸奖会让孩子的内心生出一种"我很强大"的感觉，这种感觉就是自信的感觉，能够帮助培养孩子的内驱力。

在艺术启蒙中，我们希望孩子能够在家人的称赞中爱上画画并且越画越好。但经常出现的情况是，当孩子拿着他们的涂鸦杰作给家长看的时候，家长知道该表扬，却总感觉词穷，只能说："哇，好棒呀！""好看！太厉害了吧！"然后就不知道该怎么回应了。

其实类似的赞美次数一多，就会变成无效赞美，很难起到持续激励的作用。心理学家爱德华·L.德西和理查德·M.瑞安所创建的心理学动机理论——自我决定理论认为，所有人都有3个最基本的心理需要：归属感、自主感和成就感。培养孩子内驱力的关键也在于此。

因此，我们可以从这3个方面入手去"花式"夸孩子。

归属感

归属感是指个体将自己归属于某一团体，并对其产生亲切、自豪的情绪体验。对孩子来说，归属感来自父母无条件地接纳、认同和包容。当孩子在家庭里感受到被关注、被理解、被认可时，他的归属感就会很强，他就会真正地将自己看作家庭中的一分子，努力保持自己最好的状态，其中就包括主动学习。

在家庭美育上面，我们也要对孩子无条件地接纳、认同和包容。无论孩子的作品如何，我们都要始终保持接纳的态度，哪怕画面上有我们认为的"错误"，也不要急于纠正或者指出来。我们只需要找到一处闪光点并且进行表扬和延伸，而不刻意纠正和强调不好的地方，这样就能激励孩子往好的方向发展。

比如，让孩子在画板上涂不同的颜色，结果最后孩子把整个画面涂得一团黑，我们该怎么夸？

不理想的夸奖："哇！好看，但是如果不全部涂黑就更好了。"

比较好的夸奖："你的黑色都很特别，这边还有些紫色，我喜欢这种感觉，像好黑好黑的天空。要不我们撒点白色颜料上去？这样就变成星空啦！"

找到具体的细节，然后肯定孩子的作品，再给孩子一些建议和想法，引导他们继续创作。但要注意，不用太限制孩子的创作手法，也不要对最终成品有太高的要求，要用心欣赏孩子每一次的独立探索。

自主感

自主感，是指个体在面对事情时所感受到的选择权和决策力，即能够主导自己的行为和决策，对自己的事情拥有实际的掌控权。

有自主感的孩子会对自己的事情担负起责任，并且积极主动地完成，因此我们在夸孩子的时候也要有意识地给孩子"自主感"，也是大家常说的，夸孩子"聪明"不如夸孩子"努力"。

在孩子给我们看他们的作品的时候，我们可以表扬他们的作品很棒，说一些我们看到的细节，然后告诉孩子："我刚刚看到你非常认真地在画，认真才能画出这么好看的画，我真的很喜欢这幅画！"

千万不要夸孩子"你真是绘画小天才"，这样会让孩子把画得好归功于天赋，一旦受到批评或者获得负面的评价，他们也容易把这归结于没有天赋，从而减少对画画的兴趣。不止是画画，对孩子在任何方面的学习的态度都应如此。

除了称赞孩子认真，还要跟孩子强调自主完成的重要性：只要是你独立完成的作品，就是独一无二的好作品。

记得我家孩子小白羊第一次使用吹塑纸拓印版画时，一开始是我和她共同创作，但之后我给了她一张新的吹塑纸，让她自己画，她因为不确定自己能不能画好，一直邀请我跟她一起画。我鼓励她："没关系，随便画，画满就好。"在她画的过程中我也不断地肯定她："这样画就很好。"

中途我离开了一会，让她自己完成，我回来之后，惊呼："哇！

宝宝你自己完成啦！爸爸快来看！她自己完成了拓印版画了哦，效果很好啊！像不像甲骨文印出来的效果？"

爸爸随即表示赞同，我再次强调："宝宝你看，你自己完全可以的，妈妈没在旁边都能完成！"此刻孩子的自主感、胜任感和成就感大大提升，接着就要继续画新的，一张一张又一张……根本停不下来。

成就感

成就感是把事情做好的能力和信心。孩子在反复获得成功的经验后，他们的成就感会逐渐增强，因此无论是画画还是学习其他知识，我们都要帮助孩子强化成就感和胜任感。

比如我们描述孩子画作的具体内容时，最好是描述我们把握比较大的形象。比如我们看到了一个圆，"这个圆代表什么呀？是太阳啊！那这个太阳的光线应该很猛烈，因为整个画面它占据了一大半。"描述孩子画作的细节会让孩子感到自己的创作得到了认可，他们会很自豪地认为自己想画的内容被爸爸妈妈看出来了。

如果我们把握不大，害怕解读有误，可以先听听孩子的想法，可以这样问："画面看起来很有意思，让人眼前一亮，你可以跟我们说说里面有什么故事吗？"然后顺着孩子的解释描述画面。这样我们不仅可以更加准确地理解孩子的创作意图，还能让孩子感受到我们对其作品的尊重和关注。

通过一次次有效夸赞，孩子的归属感、自主感和成就感会得到提升，这将激发孩子的绘画兴趣和热情，让他们找到驱动力。随着时间推移，我们会发现孩子越来越享受绘画的过程，也越画越好。

❋ 4.2 反馈的4条原则

原则1：重视绘画过程中的感受和成长，不强调最终结果

有些家长看到网络上流行"3岁写生苦瓜""4岁画风景画"等早教美育作品，成品非常漂亮，而自己的孩子还在乱七八糟地涂鸦，在焦虑的同时，还会怀疑自己的孩子是否有艺术天赋。

我们不要过早地期待孩子的作品非常"拿得出手"，要关注孩子在绘画过程中的感受和成长。只要孩子能够顺畅地表达他们的感受、想法，我们就应该表示欣赏。

如何让孩子顺畅地表达自己的感受和想法呢？很重要的一点就是家长不要示范作画，而要让孩子多尝试自己去画；家长要做的就是理解孩子的需求和感受，培养他们对周围事物的敏感度，只要敏感度足够高，艺术创作就能够自然发生。

因此，我们要更加注重孩子创作过程中的感受，接纳孩子的最终成品，由衷地做出回应。

原则2：倾听为主，引导为辅

儿童美术教育家鸟居昭美说过：孩子的画不是用来看的，是用来"听"的。我们不要着急问，更不要自行评价，哪怕是好的评价也不要着急给出，先听听孩子是怎么说他们的画的，不管多么天马行空，我们都要仔细倾听，重点关注其中的构思和细节，很多细节会反映孩子对生活的观察和记忆。

我们也要注意观察孩子画中的情绪。比如有一次我家孩子画了

很多长线条,她说是因为今天很开心,长长的线条是她高昂的情绪;之后有一天她惹爸爸生气了,画中的用笔就非常细碎,她说这是生气的爸爸。

在孩子讲述的时候,我们表示理解和明白就好。如果要引导的话,尽量引导孩子讲述更多的细节,用开放的提问方式去问,比如:"还有什么?""为什么是这样子的呢?"或者根据画面中看到的内容提问,比如我们看到了很多个圆,就可以问:"这些圆圆的是什么呀?"然后顺着孩子的回答继续问。

原则3:不要猜孩子画的是什么,让孩子自己描述

当我们按自己的想法猜孩子画的是什么的时候,就已经不知不觉地把自己的认知和设定强加给孩子了,如果是不坚定的孩子或者暂时还没有办法表述自己想法的孩子,就容易被大人的观点引导,顺着大人的话说,这样容易过早局限孩子的想法。如果我们总是猜错,还会影响孩子的绘画兴致。

我们应该倾听孩子自己对画的描述。孩子到3岁左右才进入命名涂鸦期,在这之前讲不出所以然来是正常的,3岁之后的孩子稍微能够表达自己的画的意义。

原则4:不要不加区别地赞扬孩子

"那些言不由衷的赞美有可能会削弱建立自信所必需的表扬在孩子心里的分量。"罗恩菲德的这个观点我非常认同。当你没有很用心地做一件事情,并且自己也不是很满意结果,这时一个人跟你说:"你好厉害呀,好棒呀,简直是天才。"这种评价的可信度是不是在你心里大打折扣?

因此，不要对孩子所有的作品都表现得非常赞赏。如果我们观察到孩子的一件作品是非常用心完成的，并且这件作品具有自主性想法，以及孩子满眼期待表扬的时候，我们可以适当夸张地表扬。作品中有自主发挥的地方，是孩子自主意识的表现，因此当孩子想要表现一个东西或者想画一个故事的时候，哪怕在大人看来画面效果一般，我们也要加以鼓励。

对于不爱画画或者对画画兴趣不高的孩子，我们可以多赞扬。如果孩子对绘画兴趣盎然，并且对自己有要求，我们就要有技巧地赞美。

除了以上4条原则，我们还要根据孩子的性格和状态调整具体的说法和做法。

❋ 4.3 给家长的具体建议

家长可以做的事情：

①将作品好好分类、保存，对作品尊重是对孩子创作成果的尊重。

②让孩子挑选出最满意的作品，放在家里比较显眼的位置进行展示。

③帮助孩子录制作品讲解视频，让孩子更能表达自己的想法。

④让孩子自己评价、排序自己的作品。

⑤鼓励孩子多画、随便画，只要是自己创作的都很好。

⑥可以让孩子教我们画画，角色一换，孩子的内驱力就不一样了。

⑦可以当着孩子的面跟家人谈论他们的作品,肯定他们的努力和画面效果。

⑧让孩子给他们的每一幅作品标注日期、签上名字。如果是年龄较小的孩子,可以让他们画一个专属图案或者按个手印,增加仪式感。

家长不要做的事情:

①不要过早地引导孩子画具象的事物。

对于涂鸦期的孩子,太早引导他们画具象的事物,会让孩子的思维受到局限,因为涂鸦期的孩子还不具备提炼事物特征的能力,他们只有记忆和模仿的能力。有些孩子能画一些简笔画,但这不意味着孩子有绘画的天赋和能力,他们只是过早地记住了那些图形的特点,然后模仿出来;绘画对于他们来说不是表达,而是获得成人认可的技能表现。

②不要言不由衷地赞美。

有些家长不论孩子画什么,都只会说"哇,好棒!"这是典型的言不由衷地赞美,说多了孩子都"免疫"了,获得感也会被削弱。

表扬孩子是有技巧的,最简单的方式就是表扬具体的细节,比如:"这个配色太温暖了!"比如:"好多圆圈圈呀!一圈又一圈!好好玩!"比如:"你这个线条画得很不一样,很特别!我好喜欢!"

可以夸孩子的观察能力,比如孩子把爸爸的胡须画得特别长,我们就和孩子聊聊爸爸的胡须:"因为很扎人,所以胡须长长的、尖尖的。你观察得好仔细呀!用尖尖的线条表现爸爸的胡须,太形象了!"

③不要用"一点也不像"来评价孩子的画。

非专业的家长很容易用"像不像"评判一幅画好不好，有时候这个评价脱口而出，对孩子的伤害是非常大的。对于孩子来说，想要画得符合大人的标准是非常难的，这会让孩子产生很强烈的无力感，非常沮丧。孩子画的就是他们眼中的现实世界，是他们对世界的感受。我们不缺乏写实的工具，相机就可以帮助我们记录真实世界，"画得像"绝不是艺术追求的目标，我们要追求的是通过画更真实地表达自己的感受、情感和对这个世界的认识。

④不要说"你学学他"。

比较是偷走幸福的贼。在教育中，孩子最怕的是"别人家的孩子"，在美育中也是如此。艺术启蒙阶段的创作没有高低好坏之分，只要孩子能够表达自己的想法并且乐在其中，那么他们创作出来的就是好的作品。

陪孩子玩艺术：
双向美育

1. 亲子游戏：艺术游戏的选择思路及陪玩原则

> 游戏是生命的主要元素。
>
> ——罗杰斯与萨依尔（劳伦斯·科恩《游戏力》）

亲子艺术游戏可能是最好的家庭美育方式，也是家长最容易上手的陪伴式美育启蒙方式。家长不需要学习很专业的知识，只要了解艺术游戏的选择思路以及陪玩原则，再和孩子一起尝试几种艺术游戏，就可以通过游戏实现艺术启蒙和高质量的亲子陪伴。

❀ 1.1 艺术游戏的选择思路

开放式结果

现在网络上有很多亲子艺术小游戏的教程，我们怎么判断哪个好呢？除去孩子感兴趣的、难度合适的，还有一个简单的判断标准：游戏结果是否为开放式的。我们选择亲子艺术游戏，最好是以开放式游戏为主，不一定要得到规定或意料中的结果，只要给孩子相关的材料就好，让游戏结果拥有无限可能。

以孩子为主导

现在的学前教育方式,大多以老师为主导,老师示范,孩子模仿,最多有一些延展。当我们在家里,就可以采用以孩子为主导的方式做艺术游戏。我们只要给孩子足够的材料和安全的空间环境,让孩子自主选择材料并决定怎么玩。孩子邀请我们一起的话,我们就是他们的玩伴;孩子没有邀请我们的时候,我们就做耐心的旁观者。

我们只需要偶尔问问:"接下来你准备怎么做呀?""你想要做什么?"就可以静待孩子自己的创作,并在恰当的时候予以帮助。

玩法不受限制,能举一反三

玩法不受限制的游戏是最好不过的了。比如带着孩子用超轻黏土做花朵标本的时候,原本把花朵按压进超轻黏土里效果才是最好的,但是如果孩子直接在超轻黏土上插花,也是不错的创作方式。能够让孩子举一反三或者有创新玩法的游戏就是好的艺术游戏。

注重游戏过程

我们要把重点放在游戏的过程中,因此最好选择能让孩子在过程中有所发现和收获的游戏。比如在调色游戏中,家长可以引导孩子并设问:这两种颜色混在一起,会不会有不一样的效果?全部混在一起会变成什么样?

我家孩子小白羊在很小的时候一直执着于把所有的颜色混在一起,最后呈现出来的效果就很污浊,没有什么观赏性。但是她认真观察了颜色在混合过程中的变化:变橙了,变棕色了,变成深邃的蓝色了，变成"粑粑"一样的颜色了！

最后呈现的效果不好看，但是在这一过程中细致观察、感受颜色的流动变化是很有趣且令人印象深刻的。这样的游戏给孩子的创意思维提供了无限的可能。

✻ 1.2　陪玩原则：做全情投入的旁观者

做全情投入的旁观者，是指家长放下其他事情，只专心地陪着孩子，关注孩子言行背后的内心需求，并及时给予孩子反馈。这要求我们不只是简单地待在孩子身边，而要让孩子感到我们对他们的关注。

旁观者是指我们要尽可能地让孩子在游戏中独立探索，成为游戏的主导，我们只是游戏的旁观者。如果孩子邀请我们一起游戏，我们才是参与者。我们可以问孩子接下来我们怎么做，但不要说"我们来这么做"。

另外，我们不必过分追求游戏环境的整洁度，因为这样容易限制孩子的创造力，甚至可能会给他们带来要时刻保持整洁的心理压力。我们在游戏过程中可以随便玩，之后收拾归位就好。

如果孩子对艺术游戏不感兴趣该怎么办？那么我们可以想想：孩子的兴趣点是什么？能否将孩子的兴趣点与艺术游戏结合起来？

如果孩子喜欢汽车，我们就可以一起涂装汽车玩具，把玩具改造得更加"酷炫"一点。如果孩子喜欢玩沙子，我们就可以用沙子搭建精美的城堡。根据孩子的兴趣开展一些有趣的活动也是很好的，不一定是专门的艺术游戏才能够帮助孩子接近艺术，能激发热情、体现创意就好。比如我们可以一起做饼干,做出不同的造型,一起做蛋糕,设计出不一样的蛋糕外观;比如一起用自然材料搭建小鸟的家,有很多种搭建的可能;比如按孩子的喜好让他们扮成公主或海盗,服装搭配也算是很好的艺术游戏。

　　成长,是一场渐行渐远的离别,孩子终将长大,离开我们的怀抱,去追寻属于自己的天空,而我们能做的,便是珍惜与他们在一起的游戏时光。在这些亲密无间的时光里,我们不仅能够了解孩子的内心世界,还能在无形中传递给他们爱与关怀。种在他们心里的那颗关于美的种子,会伴随着他们一生,给予他们力量。

2. 父母艺术力：10个亲子艺术游戏

想要将孩子慢慢地引入艺术的世界，我们首先要激发起孩子对艺术的兴趣和热情，让他们感受到创作的乐趣，获得成就感。这一节，我准备了10个操作起来简单方便的亲子艺术游戏，都是孩子百玩不厌、常玩常新的游戏，希望你和你的孩子都能喜欢。

自制橡皮泥

尽早给孩子安排橡皮泥，可以锻炼孩子手部的精细动作，因为孩子需要用手掰开橡皮泥，然后揉搓、捏拍、按压等等。这可以锻炼孩子手指分开用力和单手指的力量，除此之外还可以锻炼孩子的立体想象能力，因为橡皮泥是可以做立体作品的。橡皮泥柔软的触感也可以缓解幼小的孩子因过于敏感的触觉而带来的不适感。但是市面上很多橡皮泥不知道添加了什么，闻起来气味比较浓重。如果家长没有买到合适的橡皮泥，我非常建议自制橡皮泥，用的都是可食用的材料。

所需材料：中筋面粉300克，塔塔粉30克，植物油50克，开水250克，食用盐110克，食用色素。

制作方式：

①将塔塔粉和面粉混合、搅拌。

②将食用盐倒入开水中,搅拌至盐溶化。

③将盐水倒入混合面粉里面(加盐可以延长自制橡皮泥的保质期),一边搅拌,一边再分3次往里面加入植物油。

④将整个面团揉至光滑,然后将其等分,大约55克一个。

⑤将每个面团揉圆后,在中间按一个坑,各滴入4~5滴不同颜色的食用色素,再将面团包裹住食用色素,揉搓至颜色均匀,自制橡皮泥就完成了。

建议加入色素后戴着手套操作,因为色素没那么容易洗掉。

自制橡皮泥

吹塑纸版画

吹塑纸材料简单、安全，用来制作版画效果好，绘制、上色、印刷的过程会让孩子感到很容易上手并且很有成就感，他们会忍不住想要多玩几次。

吹塑纸版画的制作方式很简单。

所需材料：吹塑纸若干张，白纸（尺寸比吹塑纸略大）若干张，木棍笔或粗铅笔，安全环保的颜料或油墨，颜料刷，颜料盘，滚筒。

制作方式：

①让孩子用配套的木棍笔或者粗铅笔在吹塑纸上刻画出他们想要的图案，尽量让孩子用力一点，保证线条痕迹足够深，这样印制效果会好一些。

②和孩子一起往吹塑纸上面刷彩色颜料或者黑色油墨。

③将一张比吹塑纸尺寸稍微大一点的白纸小心地盖在颜料上面，注意将白纸盖上去之后不要移动或摩擦。

④用滚筒在白纸的背面来回滚动，使吹塑纸上的颜色均匀地印在白纸上。

⑤轻轻掀开白纸，作品就完成了！

吹塑纸可以反复使用，同样的纹样叠加不同的颜色，印出来的视觉效果也会很不错哦！

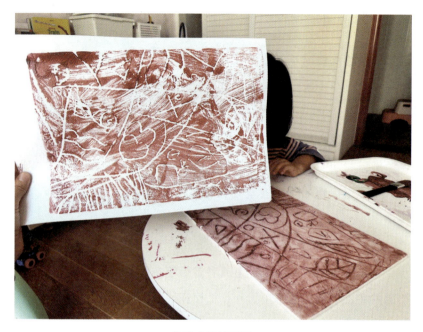

体验吹塑纸版画

超轻黏土版植物标本

所需材料：超轻黏土，收集的各类植物。

制作方式：和孩子一起在山林里采集各种颜色的花或者形状各异的叶子。制作植物标本时，把超轻黏土搓成一个个大小合适的圆球，然后压扁，放上植物，再压扁，等超轻黏土风干，植物标本就做好了。

把小花小草按压在超轻黏土上，可以帮助孩子更细致地观察植物的细节和形态。等过一段时间，孩子还可以观察植物的褪色等变化，又会有不一样的发现。

用超轻黏土制作植物标本

自然曼陀罗作品

曼陀罗一词来自梵语,也译为"曼荼罗",意为"坛场"。后来在心理学家卡尔·荣格的分析心理学理论中,曼陀罗的概念被延伸并以曼陀罗绘画作品的形式运用于心理治疗。

如今,制作曼陀罗艺术作品的活动经常出现在艺术疗愈过程中,因为整个过程会让人非常沉浸且感到治愈,同时也考验孩子的专注力和想象力。这项活动适合带着孩子在森林里面做,因为森林里自然材料丰富,材料越丰富,做出来的效果就越好。

制作方式:

①采集或捡拾各种各样的植物,同一种颜色的植物最好多一些。

②将收集到的自然材料摆成曼陀罗图形。大多数曼陀罗作品的基本形态是一个包含着正方形的圆,但我们只需要告诉孩子选取一个中心物,在它周围规律地摆放其他物体,组成较为对称的图案就好。制作要点是摆放时要一层层地从内往外发散,或者是以螺旋状发散,总之要有一定的规律,最终使整体排列成一个圆。

用树叶制作曼陀罗艺术作品

拾秋

拾秋是非常适合小朋友的一项活动。我们的原则是，只捡自然掉落的树叶。每棵树都有其独特的谢幕方式，我们将掉落的树叶收集起来，赋予它们新的意义。

这个小游戏可以帮助孩子更具象地感知季节的变化，锻炼孩子的观察能力和专注力。对家长来说，跟孩子一起回归本真、亲近自然，也帮助我们打开了发现美的眼睛，会感觉路边的风景都更美好了。

所需材料：表情素材，纸板，双面胶，落叶。

制作方式：

①打印表情素材，贴在纸板上。

②在表情周边贴上双面胶，将拾取的落叶粘贴上去即可。

可以根据落叶的颜色或大小分类粘贴，也可以不按什么分类标准，发挥创意，随心所欲地粘贴。

拾秋活动之表情创作

吹画小怪兽

把稀释后的颜料吹成不同的形态,感受色彩的流动和绽放。

所需材料:儿童颜料,清水,画纸,滴管,吸管,药片盒"小眼睛"(制作方法见辑二第3节)。

制作方式:

①颜料加水稀释,比例大致为1∶1,用滴管取少许颜料,滴在画纸上。

②让孩子用吸管对着颜料吹气,把颜料向四周吹开。

③等颜料稍微干一点,给形状各异的"小怪兽"贴上"眼睛"。

吹气的动作可以锻炼孩子的肺活量,培养手眼协调能力。图案的随机性也让画面有更多可能性,不会限制孩子的想象力。

吹画小怪兽

家庭手掌画

所需材料：黑色签字笔，白纸，上色工具（彩色水笔、蜡笔或颜料等）。

制作方式：

①用笔将孩子按在纸上的小手描出轮廓。

②爸爸、妈妈的手分别重叠着按在孩子的小手轮廓上，描出大人的手形轮廓。

③在大手和小手重叠的部分填上色或者画满装饰线条，这样一幅非常有纪念意义的家庭手掌画就完成啦！

还有一种玩法，就是每个人选一种颜色涂满手掌，然后直接按压在油画板上面。爸爸的大手先按，等颜料稍稍干了之后，妈妈的手再按，最后宝宝的手按上去。每年像这样记录一下一家人的手，也是非常有意义的。

一家人的手掌画

画身体

所需材料：一张尺寸较大的白纸（孩子可以完全躺上去），黑色签字笔，上色工具。

制作方式：

①让孩子躺在一张大纸上，摆出他们喜欢的姿势。

②家长帮忙在纸上把孩子的轮廓大致描画出来。

③和孩子一起给纸上的"身体"做装饰。

画身体

互画五官

和孩子一起互画对方的五官，除了在纸上作画的传统方法之外，还有一种有趣的玩法：使用亚克力相框，或者把保鲜膜绷在感统圈上面，只要能当成半透明的"画框"来用即可，然后将画框正对着对方的脸，就可以像描红一样，在半透明的画框上描画对方的五官，非常好玩。

与家长互画五官

制作家庭相册

现在大家都会给孩子拍很多照片,但是基本上都是以电子版存档。我建议隔一段时间,如一年,做一本家庭相册,跟孩子一起挑选照片、打印照片、排版、装饰、设计版面,这会是非常好玩的亲子艺术活动。等孩子长大之后再翻阅相册,大家都会感觉这样的活动非常有纪念意义。

艺术游戏通过不设置过多限制的玩法给孩子带来丰富的五感刺激体验,让孩子尽情使用开放性的材料,释放孩子的天性和表达内心的情绪,激发孩子无穷的创造力与探索欲,保持对世界的好奇心。

而亲子艺术游戏可以加强亲子联结,丰富孩子的情感体验,也让家长重新体验难得的童真童趣,会是一次又一次奇妙的体验。所以,跟孩子们一起玩起来吧!

3. 想象力游戏：势不可挡的奇思妙想

想象力比知识更重要，因为知识是有限的，而想象力概括着世界上的一切，推动着进步，并且是知识进化的源泉。

——爱因斯坦《论科学》

想象力的定义是大脑对记忆中的表象进行加工，创造新形象的能力。

本书一直强调，带孩子多观察生活、多看美好的事物，这就是让孩子在大脑中累积更多的"表象"，这些经验来自观察生活和发现美的过程。当孩子大脑中的素材足够多，孩子的想象力就有发挥的基础。

想象力是天生存在于孩子内心的，只要我们给予关注和呵护，他们的想象力就能慢慢长大，变得丰富。相反，如果我们过多地干预和打压孩子的想法，很少给他们观察世界的机会，孩子的想象力就得不到发展，会慢慢枯萎、凋零，直至丧失。除此之外，孩子还会慢慢对世界失去兴趣，对创造失去兴趣。

这里给家长提供5个想象力游戏，家长可以自行感受一下，这样设计游戏为什么会对孩子的想象力有保护和激发作用。

图形联想

游戏目的：让孩子在基础的几何图形（如圆形）上想象、创作不同的内容。

所需材料：印有图形素材的纸，笔。

操作方式：让孩子自行发挥想象，以图形素材为基础进行创作，可以创作形象，也可以进行装饰。

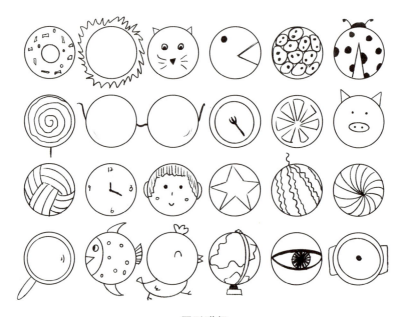

图形联想

色块联想

游戏目的：让孩子基于抽象图形（如不规则色块）进行联想和创作。

所需材料：印有多个相同的不规则色块的纸，笔。

操作方式：和孩子一起联想，以不规则色块为基础进行各种创作。

色块联想

意义：不规则的图形和颜色是抽象的，在抽象的基础上联想具体的事物，可以调动孩子记忆中的表象。这是符合想象力的原理的。

立体构成

游戏目的：让孩子用牙签和橡皮泥小球搭建立体空间，感受立体构成。

所需材料：牙签，彩色橡皮泥或超轻黏土。

操作方式：把彩色橡皮泥或超轻黏土搓成小球，作为连接点，而牙签作为连接线，让孩子学会用点、线、面自行构建平面，还可以搭建"房子"等立体空间。

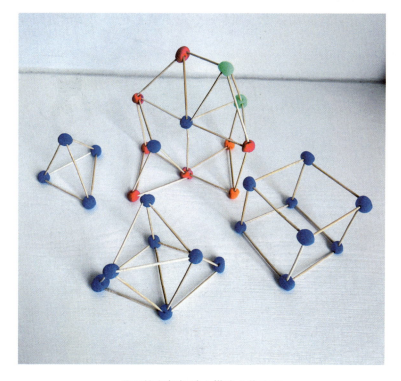

用牙签和超轻黏土搭建立体空间

意义：可以训练孩子从平面到立体的空间想象力，让孩子在搭建的过程中感受立体结构的稳定性和空间感。

立体纸雕

游戏目的：让孩子感受平面纸张的变形和延展特性。

所需材料：彩色卡纸，白色卡纸，儿童剪刀，胶水或固体胶。

操作方式：将彩色卡纸剪成长条，弯一弯、折一折、卷一卷，然后用胶水将它们固定在一张白色卡纸上。在这个用彩色纸条组成的立体空间里加一些装饰，就完成了一组立体的"纸雕"作品。

立体纸雕

意义：发挥想象力，用简单常见的材料做更多的尝试，可以练习孩子从平面思维到立体思维的转变。

多彩的想象力

游戏目的：让孩子在多种色彩的基础上想象主体物，并将其画出来。

所需材料:水彩纸(可以贴在画板上,这样方便后续操作),水彩颜料,水彩笔,黑色马克笔。

操作方式:在画板上贴上水彩纸,然后在水彩纸上晕染开不同颜色的水彩颜料,待颜料干透之后,让孩子用黑色马克笔或者黑色勾线笔在彩色区域随意勾画出形象。

染色想象力

以上5个游戏,我们应该不难看出它们之间的共性。家长提供材料,主要由孩子来创作,创作过程不需要家长过多干预,孩子可以自行完成;完成结果如何,没有固定的标准,让孩子肆意发挥想象力即可。也就是说,想象力游戏以过程为导向,而不是以结果为导向。这样的游戏中,孩子是轻松的、没有压力的,这样才能保护孩子的想象力。不建议给游戏设定特意的主题,我们的原则是,材料是固定的,但是结果是开放的,这样就不容易陷入"结果焦虑"。我们选择亲子游戏,也要记住这个标准。

4. 个人作品展：每件作品都精彩

家庭美育非常关键的一步就是布置一面作品墙，这能够让孩子的创作获得正向的反馈。

那么，如何在家庭空间里为孩子布置一面作品展示墙呢？家里不像美术馆，没有那么多的墙面和空间怎么办？影响了墙漆怎么办？别太担心，先看看下面的建议。

❀ 4.1 如何布置家庭作品展示墙

布置家庭作品展示墙的方法有很多，也都简单方便，下面是几种自制简易展示区域的方法，家长可以根据实际情况自行选择。

毛毡板展示墙

毛毡板价格适中，可选择的款式也非常多，家长可以挑选或者定制自己想要的形状。

毛毡的质感会给家里增添温馨感，上面一般用工字钉固定画作，因此适合3岁以上孩子的家庭，不然钉子多少有点危险。

毛毡板上可以固定油画板，也可以固定纸张作品，布置上相对来说比较灵活，需要孩子注意排版，才不会显得太乱。

毛毡板作品展示墙

磁性展示框

磁性展示框的应用范围很广,可以用来展示各种大小的纸质文件,比如商场和电梯里悬挂展示的广告、商店的墙上展示的营业执照等。磁性展示框效果好、性价比高,背面是不伤墙的胶,正面是透明膜套,孩子自己也可以替换画作。

磁性展示框因为是完全粘贴在墙上的,所以一般固定好位置后就不再挪动,只替换里面的展示作品。因此可以在一开始就在墙上排好展示框的顺序,视觉上也会整齐一点。

挂钩和手工绳

把两个挂钩固定在墙面的两端,将手工麻绳的两端分别系在两个挂钩上,然后用小夹子把画作固定在绳上。这样的展示方式整体效果比较好,随性、文艺范十足。不过这种展示方式的承重有限,不能挂比较重的作品。

定制亚克力展示板

比起其他展示方式，定制亚克力展示板的质感和视觉效果更好，造价也相对高一点，还可以根据个人需求进行定制。感兴趣的家长可以在网上搜索"亚克力书架"或者"亚克力照片墙"。

用贴纸固定

最简单直接的方式，就是用手账贴纸将纸质作品贴在墙面上，小型贴纸的黏性没有那么强，不会损伤作品和墙面，而且有了贴纸图案的点缀，作品也会更加好看。

自制家庭作品展示墙的方法有很多，根据家里的情况来选择就好，但所用的材料和所占的位置要方便孩子替换新作品（孩子的作品让孩子自己替换是最好的）。

再强调一下，不要太在意孩子的作品看起来如何，策展时也不要太在意最后的展示效果，要在解读审视、排列展示、整体欣赏孩子作品的过程中，感受孩子的想法和他们接收到正面反馈后的进步，从而形成一个良性的循环。

❋ 4.2 布置作品展的几个要点

在设置作品墙的时候，家长需要注意几个要点。

展示墙能够承载的作品尽量多一些

如果只有一两个展示位，会增加孩子筛选作品的难度，甚至让孩子对作品最后的完成效果过度关注，比如只有非常好的才能上墙，或者只有大家都喜欢的才能上墙，这样就本末倒置，失去了布置作品墙的意义。

只要是孩子完成的作品都可以上墙，这是我们展示作品的第一个标准。但是实际展示区域的面积确实有限，怎么办？我们可以提高所展示作品的轮换频率，告诉孩子：我们展示的区域放你最新的作品，只要你有新的作品，我们就会放上去；如果没有位置了，就把一些旧的作品换下来。这样就可以解决面积不够的问题。

建议展示区域要能够同时展示至少5幅作品。

根据孩子的想法来排列所展示的作品

我一直强调，不要主观评价孩子的作品，在最后一步"展示作品"时也记得要忍住，切记：不要不自觉地把我们大人觉得最好看的作品放在最显眼的位置。

我们要让孩子自己选择用来展示的作品和作品的展示方式。在此之前，我们可以告诉孩子一些"策展"的规则，比如跟视线齐平的画作会更加方便观众欣赏，还要考虑观众动线之类的问题。如果有条件，也可以考虑打光的问题，比如白天自然光充足时看画最好的位置和晚上开灯后看画最好的位置分别是哪里，然后让孩子用策展人的视角去安排自己的作品。

无论摆放得如何，只要是孩子经过思考做出的决定，我们都可以举双手赞成。这是孩子自己的作品，我们应该尊重他们安排作品的结果。

对孩子作品的态度——尊重和理解

无论孩子画成什么样子，我们的态度都是欣赏、认可和包容，不要太在意结果，要注重孩子在创作过程中的思考和表达。孩子的敏锐度是否有提高、作品中是否有更多不同内容的表达和更多形式的变化等，这些都是我们需要关注和加以肯定的点。

在孩子的作品中，只要孩子能够顺畅地表达自己想要表达的内容，这样的作品就是有特色和有魅力的，这样的表达能力对于孩子个人的成长也是非常重要的。

我们不要把自己对"好看""漂亮"的理解强加给孩子，这样孩子也不用以作品最后的效果取悦我们，因为鼓励孩子参与艺术创作的目的是我们希望看到孩子健康快乐地成长。

设定展览期限

如今在博物馆、美术馆，除了常设展览，还有不少特展、临展，大型商场里的商业艺术展览一般也是特展，这种临展、特展都是有期限的，我们可以把这种概念引到家庭作品墙上。

我们可以告诉孩子：这个区域是常设展区（比如孩子房间里的墙），用来展示你最喜欢的作品；另外一个区域做临时展区，你把作品分个类，然后策划一个临时的主题展，比如超轻黏土作品展、大自然作品展、丙烯画作品展等等；如果作品不是很多，我们就把临展时间设定得长一点，比如年度作品展、春季作品展等等。

等孩子大一点，我们还可以跟孩子一起制作展览海报和邀请函，安排特定的主题和展览时间，然后邀请亲戚朋友或者孩子的好朋友来家里参观。记住，一定要让孩子自己主导活动，我们可以在旁提醒一些流程上和物料上的需求，也可以让孩子根据以往看展的经验去拟定一个计划和材料清单，我们给予配合。

这个过程也可以算是一个项目制家庭美育活动——小小策展人。主题选定、作品筛选、布展、设计展签、制作海报和邀请函、开始展览、制作展览周边文创产品，主导自己作品展览的全过程可以锻炼孩子的整体策划能力和构图设计等创作方面的能力，是不是很有意思？

我会在辑六详细给大家讲讲什么是项目制家庭美育，给出方便操作的项目案例，包括具体步骤和相关的物料。

妥善地长期保管孩子的作品

妥善保管孩子的作品是对孩子创作成果最基本的尊重，当然如果孩子自己不在意的话，我们也没必要强求。

这里提供几种保管方式。如果是在纸张上创作的作品，我们就可以用一个大的文件夹把它们收起来，并标记好时间；当孩子长大之后再看，会是非常宝贵的回忆。如果是油画板上的作品，我们就可以先放在家里的某个角落，累积到一定数量后，拿工业保鲜膜一起封起来，这样可以防止油画板积灰和颜料褪色。

我们还可以把孩子的作品电子化。给作品拍好照片，整理好，放在电脑的文件夹里面，并标注好时间和主题，这样还能以电子相册的形式进行线上展览。

制作展览周边产品

现在有很多文创产品定制服务，可以把孩子创作的形象做成摆件，把涂鸦作品做成地毯，把画作印在T恤、抱枕上，或做成手机壳、冰箱贴。做出来的成品可以作为礼物，让孩子送给喜欢的人，也可以作为个人展览的周边产品。

当孩子看着自己的作品成了真正能用上的东西，这样的成就感就不是一星半点儿了，让孩子体验一把成为设计师的感觉。

不止艺术：
项目制家庭美育

1. 跨学科美育：培养孩子的综合能力

"跨学科"这个概念相信大家并不陌生，它强调运用两种或两种以上的学科知识和理论来解决实际问题。这种学习方式打破了传统分学科学习的限制，注重学科之间的联系和整合，让孩子在解决问题的过程中形成更全面的知识体系，更有效地培养孩子的综合能力。

跨学科美育，旨在将美育渗透各个学科。孩子通过跨学科美育，可以更好地发掘自己的创造力和想象力，提高审美素养和艺术修养。同时，美育与其他学科结合也有助于培养孩子的综合能力，为孩子未来的学习和成长奠定基础。

比如我们读唐代诗人李白的《渡荆门送别》时，其中"月下飞天镜，云生结海楼"两句诗，为我们描述了瑰丽壮观的奇景——月映江心，像是一面镜子从天上飞下来，而云霞在空中变化，仿佛出现了海市蜃楼般的奇景。

从文学的角度看，月亮倒映在江面，是静景，但是诗人用了"飞"字，化静为动；而天上的云朵是动态的，诗人却用了"结"，把动景"凝固"住了。动静互换，把实景描写变得妙趣横生。

从物理的角度看，月亮在水中的倒影相当于平面镜成的虚像，平面镜成像属于光的反射现象，而海市蜃楼是光在不均匀的大气中传播形成的光的折射现象（但诗中的"海楼"并不是实指，而是用以形容云霞变化）。

通读全诗，我们还可以从地理和美术等学科的角度来解读。

从地理的角度看，这首诗写的是诗人乘船沿长江而下，过了荆门山后，周围景观所发生的变化。这里江阔地平，不像此前在三峡，两岸都是峻岭高耸，抬头很难看见完整的天空，流水也非常湍急。

从美术的角度看，这首诗就如一幅出长江三峡的长轴山水画。尤其是"山随平野尽，江入大荒流"，皆为动势，又颇具气韵，诗人笔力雄健，将他眼前的视觉变化白描出来，真切地描绘了一幅雄浑壮阔的山河图景。

上面对诗歌的多角度解读示例了不同学科之间的关联，围绕一句写景诗，不同学科进行延伸分析，帮助学生从不同角度理解这句诗。因此，要敢于突破学科界限，学会运用多学科视角理解世界、看待事物、解决问题。

现在让我们看看美育与各学科之间的关系。

（1）文学之美

文学除了韵律、结构和节奏具有美感之外，最主要的是内在的想象之美，能够让我们看到视线无法到达的远方，感到藏在文字深处的情感与思想。

推荐家长阅读《蒋勋说文学之美》，跟着蒋勋老师领略文学中千姿百态的美，体会诗人的孤独感，感受浪迹天涯的美学意义，发觉诗的浪漫极致，还有那跳跃在文字之间的鲜活和生命气息。读完之后，再陪孩子学习古诗词，我们便不会那么局促了，能够更从容地引导孩子发现文学之美。

（2）数学之美

很多人都以为数学不过是冰冷的逻辑和没有灵魂的计算，其实完全不是这样。数学应用到现实生活之中，打造了很多美的事物。

中国古建筑的对称美学、巴塞罗那圣家堂中的悬链线结构、过山车中的莫比乌斯带结构等等，这些建筑或设施中的数学应用，既体现了设计美学，也展现出人类对和谐与平衡的追求。有研究表明，数学好的人大多心思缜密、考虑周全，做事情逻辑性强，学习和理解事物也比较快。想要孩子对数学感兴趣，看见数学之美很重要。

（3）物理之美

雨后天晴的彩虹、多边对称的雪花、绚丽多姿的极光、静谧洁白的雾凇等自然现象都在给我们展示着自然界中的物理之美。还有行星周而复始地绕着恒星旋转，仿佛低语不变的承诺，也是宇宙间的物理之美。

（4）化学之美

绚烂的烟火、多样的植物色素、神奇的金属置换实验、梦幻且极具艺术感的沉淀实验，还有那些姹紫嫣红的指示剂，只要我们接触，就会发现化学之美是那种震撼视觉和心灵的美。建议带着孩子一起观看《美丽化学》系列视频，发现色彩斑斓的奇妙世界。

（5）历史之美

甲骨文、马王堆汉墓的帛画、敦煌石窟的壁画、清明上河图等国家宝藏都给我们展示着历史和文物之美。此外，不同历史时期和历史人物都有其独特的审美观，待我们去一一感受。

（6）地理之美

从雄伟的山川到广袤的平原，从浩渺的海洋到幽深的峡谷，地理与美交相辉映，每一种地形地貌都散发着独特的魅力。不论是自然地理还是人文地理，给我们带来的不仅是视觉的享受，更是心灵的洗礼。在喧嚣的世界里，让我们用心感受大自然的杰作，与之和谐共舞。

读万卷书，行万里路，有机会多带孩子领略祖国的大好河山，是再好不过的感受地理之美的方式。

（7）生物之美

DNA双螺旋结构的双链解开、复制，形成新的双链，每一次复制都是生命的密码在编织未来。虎啸山林，声震四野，那身形和斑纹宛如天然的艺术品，充满了原始野性的力量。

自然界中的万物，不仅展示着生生不息的生命美，更为人类社会提供了源源不断的仿生学灵感。

（8）音乐之美

音乐是跨国界的，不受地域和语言的束缚，它以音符为媒介，传递着美和思想，表达出丰富多样的情感状态，如豪放、狂喜、悲悯、愤怒、深情等。音乐之美在于，它能触动人的内心深处，让人在旋律中找到共鸣，释放情感，得到慰藉。

（9）体育之美

健壮美、线条美、节奏美、色彩美、惊险美、和谐美……体育运动中不乏美，有些早已经反映在运动题材的艺术作品中，比如雕塑《掷铁饼者》。武术、赛龙舟等体育运动则与中国传统文化息息相关。

我举例说明美育和每门学科之间的关联是为了帮大家打开思路，不要再把每门学科都"框"住，而要在美的帮助下自然地开启学习过程。具体如何实现呢？前人已经帮我们开了路，那就是项目制学习。

项目制学习的宗旨是创造而非重复知识。这也是适合孩子的学习和创作方式——你有一个问题或者想要做一个东西，然后去学习相关的知识，通过努力最终把项目完成。这锻炼的是孩子的综合能力，也就是未来社会需要的能力。

本书做了一个新的尝试，就是将项目制引入家庭并且与美育相结合。就像很多人说的，教育是最需要被彻底颠覆的领域，但却是最大的"漏网之鱼"。有很多先锋教育者在努力改变现在的教育模式，我们做家长的可以从家庭教育开始，打开思路，未雨绸缪。下面我会帮助家长实现在家里进行跨学科美育的项目制学习。

2. 教育2.0时代：家庭项目制一点都不难

❀ 2.1 素质教育的理想模式

教育创新先锋顾远等人在《教育3.0》一书中梳理了教育随着时代发展的脉络，提出了对未来的畅想。他指出，传统的课堂式学习是工业时代的产物，这是教育1.0时代，而当前我们正处于强调素质教育的社群式学习和项目制学习的教育2.0时代。

他进一步预测，未来的教育将进入社会化学习的3.0时代，在这个时代，每个人都有权自由地根据自己的兴趣和需求在社区中创建学习体系和独特的学习节奏，这是他们作为先锋教育者的理想愿景。

称之为理想，是因为这样的未来看起来过于遥远，目前，我们仍有许多方面停留在教育1.0时代，教师扮演全知全能的知识输出者，学生则是被动的信息接收者，主要的学习过程就是"接受、回应、反刍"。我们距离教育2.0时代还有一些距离。

在教育2.0时代的范式下，教师设定相应的学习框架、节奏和方向，孩子根据大方向自由发挥，通过完成项目或者解决问题，孩子的知识得到补充，能力得到提升。

❋ 2.2 在家里如何实现项目制学习

家长只要了解项目制的框架结构，然后根据孩子的兴趣设定目标就行。设定目标是指这个项目要完成什么、孩子从中能学会什么。比如，"植物分类学家"这个项目的目标：学会科学观察，能够说出所收集的植物名称、颜色、形状，由孩子自己设定分类标准并将其分类，最后完成一份研究报告或者一本植物标本手账。

设定好目标后，家长还要提供前期材料。注意，家长不要把所有路径都规划好了再让孩子去走，这跟直接教没有什么差别，而是应该仅仅提供前期需要的材料，然后让孩子自己发挥，并及时提供物料帮助。放大镜、儿童相机（手机）、收集容器、文具等都是观察类项目中的必需品。

如果孩子觉得项目目标看起来很难，害怕完成不好，我们可以将一个大的目标拆分成具体的问题，引导孩子完成。比如就"植物分类学家"这个项目，我们可以通过一些问题引导孩子参与观察：在我们小区里面的植物有哪些？它们都是相同的种类吗？你最喜欢哪几种？为什么？它们的形态特点是什么？找到自己最喜欢或者觉得最特别的植物搜集起来，然后制定标准，把它们整理分类。

项目的大致步骤不是固定的，家长心里有数就好，比如先收集，再观察，接着整理分类，最后完成报告或者手账。

家长可以和孩子一起做项目，各自设定不同的目标，完成后进行交流和讨论。还可以有一个展示说明会，让孩子自己总结，给家庭其他成员分享这个项目的完成情况。

"植物分类学家"项目实践指导手册

适合年龄:4岁及以上	建议时长:2小时及以上	建议地点:公园或植物丰富并可摘采的地方	
项目描述	收集足够多不同种类的植物,并用自己制定的规则将收集到的植物进行分类		
涉及学科	语文、生物、艺术	需求技能	观察、记录、规划、设计
项目背景	生活在城市里的孩子跟自然的关系实在是太遥远了,但是我们还可以带着孩子去森林公园、郊外林地,主动地亲近自然,并通过"植物分类学家"项目,和孩子一起主动寻找植物,在玩爱中收集植物,观察植物的不同肌理、颜色、形态等等,锻炼孩子的观察能力,最后让孩子自行制定分类规则,运用植物素材创作艺术作品		
项目目标	(1)收集10种以上不同的植物,能说出不同植物的名字、颜色、形状,观察并总结每种植物的特点 (2)观察外形相近植物的相同点和不同点并进行记录,然后按照孩子自己制定的标准进行植物分类 (3)了解科学的植物分类标准 (4)体验植物拓印画,或萃取植物色素进行艺术创作,或制作植物标本并分类保存		
材料准备	透明文件袋或者专用的植物收集袋(尽量使用统一简约的款式),放大镜,植物采集表格,纸和笔(笔的颜色可以多一点,方便孩子用绘画的方式记录植物特点),植物艺术创作所需的其他材料,户外医药包(应对出血、扭伤等意外情况)		

	具体步骤	对应材料	操作要点(4~6岁)	操作要点(6岁以上)	备注
项目步骤	第一步,收集10种以上不同植物	透明文件袋或植物收集袋	在物种相对丰富的区域,自行收集即可	根据植物收集卡上提供的信息,寻找、收集特定的植物	植物收集卡需要家长提前准备,上面可以给出植物的照片、名字、科属、特征等信息
	第二步,整理收集的植物,并进行特征描述	放大镜、植物采集表格	从这几个方面对孩子进行分类引导:颜色、肌理、触感等	从这几个方面对孩子进行分类引导:名字、科属、形态特征等	4~6岁的孩子根据自己的观察进行自主分类即可,6岁以上的孩子可以借助智能识花软件和植物图鉴,了解植物的具体信息后再进行分类
	第三步,制定自己的分类规则	纸和笔	让孩子根据观察出来的3~4个特征对采集到的植物进行分类,哪些植物是"好朋友",就放在一起,并且解释它们为什么是"好朋友"	可以给孩子讲解植物收集卡上面的植物分类规则,孩子可以根据收集卡上的规则进行分类,也可以制定自己的分类规则,只要能给出合理的分类理由	鼓励孩子自主观察和思考

续表

项目步骤	第四步，讲解、记录自己的分类规则和最终分类结果	—	鼓励孩子用自己的语言描述所观察的结果和对分类的思考	及时给孩子正面反馈
	第五步，进行艺术创作	植物艺术创作所需的其他材料	植物拓印画：给植物的一面均匀地涂上颜料，将有颜色的那一面按压在纸上，揭开后就印上了植物的形状和明显的叶脉 植物拓染创作：将植物放进盐水或明矾水里面泡一泡（固色），将丝巾或亚麻布盖在植物上，用力捶打，植物的形状和颜色就印染在布料上了	萃取植物色素：同一种植物多一点，加入食盐，捶打出汁，用纸条蘸取汁液，制成色卡，或者用植物汁液染制布料 制作植物标本：用植物压花器制作干透的植物标本，然后自主排列、创意拼贴，完成后可以用相框装裱起来	选择适合孩子年龄段并且孩子感兴趣的艺术创作方式，创作过程中可以让孩子用自己的方式做点记录，总体上以孩子为主导
	第六步，对家庭其他成员进行汇报展示	—	独立讲述自己的项目过程、观察中的思考、分类的规则、艺术创作的思路和想法，最后分享展示成品	家长要专注地聆听孩子的汇报展示，并给出积极的正面反馈，可以询问问题，引导孩子进一步思考
注意事项	（1）要明确我们家庭美育项目的重点并不是让孩子记住很多植物的属性和科目，而是让孩子自主观察、自主思考、自主分类，让孩子自己制定规则，不受限制地发挥自己的想象力和归类能力 （2）家长在孩子没有思路的时候可以提供参考，因此要注意观察孩子在实践过程中的思路。如果孩子观察到一些特别的细节，我们就可以帮助他们放大这些细节特点，甚至将其作为一种分类方式。比如孩子观察到有些树叶的边缘是锯齿形的，那我们就可以把有无"锯齿"作为一种分类方式 （3）整个过程是以孩子为主导的，我们作为辅助和引导，目标也是培养孩子的思维能力和学习的兴趣，不在于学到多少真正的植物知识，如果孩子感兴趣我们可以深入去了解			
拓展学习	绘本：《给孩子的自然图鉴：植物图鉴》《中国植物，很高兴认识你》 纪录片：《绿色星球》《种出个地球》			

"植物分类学家"项目实践指导手册为家长实施项目制家庭美育提供了步骤和思路。

好的教育能够激发孩子主动参与、主动学习、主动探索未知的热情，我们项目制家庭美育计划的目标也是让孩子在玩一样的项目中感受参与和主动探索的乐趣；完成与否不是最重要的，重在美育方法的尝试和探索过程。

在"植物分类学家"项目中，如果孩子想要制作精美的手账，就要学会制作保色更久的压花方法，就要知道植物更多的信息，并且自己处理这些信息，可以不受传统分类的限制，而是根据自己的观察来。当对一个事物从了解到熟悉，从熟悉到喜爱，学习就自然地发生了。

3. 探索更多可能：3个家庭美育实验项目

作为家长，我们可以不用了解过多的理论知识，只要了解大致的思路，就可以在实战中感受项目制家庭美育的魅力。

现在很多项目制学习都是针对学龄期的孩子，但是项目制引入得越早，就可以越早帮助孩子形成良好的学习思维，提升学习动力，保持孩子对知识的好奇、对美的感知。

这里给大家提供3个适合学龄前孩子的家庭美育实验项目。

我的情绪盒子（适合2岁以上的孩子）

情绪是2岁以上的孩子需要面对的"另一个朋友"，这个项目可以帮助孩子认知情绪并学会调节自己的情绪。

项目目标：认知和识别自己的情绪，比如我们有哪些情绪？情绪是什么颜色的？每个情绪的表情是什么样子的？

项目步骤：

①观看绘本《我的情绪小怪兽》和《菲力的17种情绪》，让孩子挑选和模仿绘本里提及的情绪，感受和理解情绪。

②和孩子一起讨论情绪应该是什么颜色的，然后拿几个纸盒，根据讨论结果把盒子涂成不同的颜色，代表不同的情绪，比如红色——愤怒，蓝色——难过，粉色——甜蜜，绿色——平静，黑色——害怕，黄色——开心。也可以在盒子上加其他装饰。

③让孩子尝试做出与不同情绪相对应的表情，家长拍照、打印并剪下来，贴在相应的情绪盒子上。

④拿一些小毛球或者珠子给孩子，让孩子感受此刻的心情，并把小球或珠子投入相应的情绪盒子里面。

这是一个可以长期实施的项目，如果孩子有情绪了，我们可以跟孩子说：你现在的感觉是什么样子的呀？我们要不要去情绪盒子那里分辨一下？感觉自己此刻是什么样的情绪，我们就把小球投入那个盒子里面！你有任何情绪都是合理的，我们认真地对待它们就好啦。

除了情绪盒子，我们还可以制作情绪日历。将日历贴在墙上，再打印一些孩子表示不同情绪的表情，让孩子每天把自己的"情绪表情"贴在当天的日期格子里面，做成一份简单的情绪日历。

不管是大人还是孩子，在调节自己情绪的过程中，都需要从认知情绪开始。通过重视并识别自身的情绪状态，我们可以有效地调节情绪，跳出情绪的困境。实际上很多时候只要跳出情绪之外，很大程度上情绪也就调节好了。

情绪盒子和情绪日历都是情绪外化的形式，它们能帮助孩子感受情绪和表达情绪，进而达到控制自己情绪的效果。

细菌的秘密（适合3岁以上的孩子）

细菌对孩子身体的影响是很大的，我们总是提醒孩子不要用脏手摸嘴巴和眼睛，但是孩子总是无法做到，一旦用脏手摸嘴巴和眼睛，这两个部位就很容易被细菌感染。在孩子的视角里手并不脏，因为他们看不见细菌，便对细菌的存在没有感觉。

这个项目不仅可以帮助孩子同时实践美育和科学实验，还可以让孩子认识细菌，养成良好的卫生习惯。

项目目标：细菌长什么样？细菌在哪里？我们如何保护自己？

项目步骤：

①可以去图书馆借相关的绘本和图书资料，了解细菌的种类和样子。

②制作培养皿：可以用琼脂粉和水自制琼脂培养皿（对操作规范有一定的要求），也可以直接购买"琼脂培养皿"。

③采集细菌：让孩子自行选择家里的任何地方，尤其是我们日常接触的位置，如门把手、椅子、鞋柜、餐桌、马桶盖等等，进行细菌样本采集，也就是分别用干净的棉签（或采集棒）在这些地方轻扫一下，然后把不同的棉签分别在各个培养皿的琼脂表面轻划一下，这样不同地方的细菌采集就完成了。建议保留一个没有细菌样本的培养皿作对照组。将培养皿都密封起来，并在各个培养皿的盖子上做好标记，方便后期识别。最后将培养皿放置在黑暗温暖的地方，一周后进行观察。

④观察时，让孩子自己总结不同地方的细菌有什么特征、哪个地方的细菌最多。有条件的话也可以使用显微镜，让孩子更细致地观察并做记录。

⑤为什么细菌哪里都有？可以用面粉模拟细菌，让孩子在手上沾上些面粉，然后去摸日常生活中经常接触的物品，如门把手、水壶、凳子背后……物品上都会有面粉残留，细菌就是像这样到处都有的。此时取一个干净的培养皿，让孩子把没有洗过的小手在琼脂表面按压一下，作为"脏手"的样本。

⑥和孩子一起去洗手，把手上的面粉都洗干净，相当于把手上的"细菌"洗掉。然后取一个干净的培养皿，让孩子把洗过的小手在培养皿中轻按一下，作为"洗过的手"的样本。过一段时间再观察："洗过的手"的样本和"脏手"的样本，细菌的生长情况是不是不同？

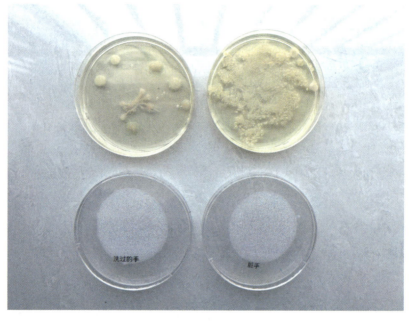

细菌对照实验

⑦制作研究报告。可以用手工材料（超轻黏土或者扭扭棒）模拟细菌的样子，也可以用画笔和颜料画出细菌的样子，还可以用照片和绘画结合的方式表现细菌实验的过程。表现形式可以根据孩子的喜好来，重点是让孩子把观察到的东西进行归纳整理。

整个过程都可以根据孩子的兴趣方向随时调整，这个项目完成之后，还可以根据孩子的兴趣和能力延展探索方向：细菌都是坏的吗？建议家长和孩子一起看绘本《肠道大清洁》或"阿嘟白泽"系列动画《这是什么》中的一集《这是细菌》，了解哪些细菌对人体有害，哪些细菌对人体有益，还有哪些是中性菌，会随时改变自身的特性。了解更多信息后，和孩子进一步对细菌进行观察、分类、绘制或记录。

探究古老文字（适合4岁以上的孩子）

孩子在学龄期的第一大任务就是识字。孩子初步的识字方式其实是图形记忆法，他们认识的不是字的含义，而是这个字的"图样形状"。其实在孩子4岁之后，有条件的家长就可以带孩子尽可能多地认字了。

探究古老文字的演变可以帮助孩子更形象地学习文字，并且对我们博大精深的文字产生自主探究兴趣，帮助孩子提升学习的动力。

项目目标：认识甲骨文，了解一些甲骨文的字形及其演变，自己设计文字。

项目步骤：

①带孩子去甲骨文相关的博物馆，近距离观察甲骨文的字形，并和孩子一起大胆猜想一些甲骨文的意思，猜错了也没有关系。

②挑选一些象形特点明显的甲骨文，打印出来，和孩子一起探索研究，建议选择月、马、日、水、山、鸟、眉、目、牛、羊、风等字，这些字比较形象。

③把选好的甲骨文和对应的规范汉字分别贴在纸张的两端，在中间区域描绘这些字的演变过程，感受字形的结构关系和形象

变化。

④让孩子根据学习了解的字形演变规律，大胆发挥想象，自己设计新的文字，然后让未参与制作的家庭成员识别。

⑤用吹塑纸版画的玩法，将孩子设计的文字印刷出来。首先在吹塑纸上刻出孩子设计的字，然后涂上黑色颜料，放上白纸，再滚动按压，最后揭开白纸，孩子设计的字就印刷出来了。在纸上的空白处，可以让孩子写上设计说明，或者跟家庭其他成员讲述设计思路。

设计不需要好看，不需要正确，只要孩子真的在分析字形后，根据字体的演变方式创作了新的东西，就是很好的结果。

推荐和4岁左右的孩子读绘本《揭秘汉字》，和4岁以上的孩子读《有故事的汉字》。

"羊"字的演变

本书推荐的家庭美育实践项目相对来说比较简单，旨在帮助零基础的家长带着孩子体验一下项目制学习的思路和实践方式。

如果没有时间带着孩子实践，明白项目制学习的理念也是很好的。我们学习是为了解决问题或者制作一个成品，为了这个目标我们去探究、实验，获取所需要的知识，思考创作更新的东西。

家长在孩子学习的过程中可以加以引导但是不必灌输知识，现在信息这么发达，想要获取什么知识是非常便捷的，因此我们要教给孩子的，不是知识点本身，而是如何获取我们需要的知识，并运用知识帮助我们解决问题或达到目标，这一过程中的思考和创作思路是重点，最后的结果没有那么重要。

4. 教育误区：家庭美育十大常见问题

涂鸦期就是盲目涂鸦吗？

不是的！

我一直认为孩子在涂鸦期没有必要去美术机构进行培训，于是就有家长问：那怎么引导孩子画画？让他们盲目涂鸦吗？

首先，"盲目"这个词对于孩子来说是不准确的，孩子的作品虽然有时候看着杂乱无章，但不一定是盲目的涂鸦。涂鸦是孩子最直接的身体表达和思维表达，他们可能在表达上不熟练也有点偏差，但是所表达的都是发自内心的。

我们可以先听孩子解释，孩子在解释自己涂鸦作品的时候其实是在整理思绪，哪怕是乱说的，也是想象力的发挥，语言可以让涂鸦变得有意义。涂鸦是大脑和手的协调运动，鼓励孩子表达就是帮助孩子整理大脑思绪。慢慢地，孩子的画面能够和他想要表达的内容联系起来了，看起来就不会是"盲目涂鸦"了。

学画画一定要去培训机构？

可以去，但是没必要太早去，建议孩子6岁以后再去。画画的本质是表达，如果前期大人过多引导，孩子的表达反而容易被限制，而且非专业人士很难分辨培训机构的好坏，过早去培训机构学习，总体来说是弊大于利。

如果孩子在6岁左右依然保持着对绘画的热情，并且有意愿进一步学习，这个时候就可以送孩子去专业培训机构啦！

判断美术培训机构是否好，有两个小技巧：

①看看同一个主题下，机构学员的作品是否同质化，如果最后的作品都差不多，这样的机构一定不要去！这说明这个机构里有一套固定的课件和教学流程，老师就是照本宣科，一节课一节课地重复教学，让孩子跟着他们设定的路径去画画，最后的结果自然都是很相似的，一样的主题、一样的配色，差不多的构图。

②试课的时候看看老师是否鼓励孩子表达自我，老师是否问孩子想画什么，而不是说"孩子你看我这里"。如果机构里的老师只顾给孩子灌输自己的思维，或者不让孩子自己观察，而是直接告诉孩子事物的设定，这种机构就不建议去。

孩子想做设计师就一定要先学画画吗？

不是的！

每次有人问我这个问题，我都这样跟他们说：画画不着急，设计思维、文化素养、审美能力、创新能力才是成为设计师的决定性因素。如果孩子想要成为设计师，我们可以学习画画，但是画画绝不是成为设计师的必要条件和最重要的条件，尤其是之后AI绘画技术会越来越成熟，绘画技术本身可能就没有那么重要了。

我们最好多花一些时间在提升艺术修养和审美力上面，让孩子接触更多的艺术门类，拓展知识面，而不要局限在技术层面。

美育是精英教育？

以前是，未来不会是！

按常理来说,在温饱得到满足的情况下,我们才会开始讲究审美和搭配,但注重美育并不需要花费很多钱,就像这本书强调的,我们可以在日常生活中培养孩子发现美的能力、对美的敏感度,这些不是精英教育,是家长愿不愿意花心思去做的家庭教育。

孩子画得很难看,是不是没有天赋?

不是的!

很多研究证明,孩子天生都是艺术家。幼儿期和少儿期是人的一生中创造力异常活跃并充分发展的时期,他们的创作欲出自本能。"有天赋"或"画得难看",这些评价是大人基于自己的认知得出来的,非常主观,千万不要过早给孩子的作品下定义。想想孩子刚学习说话时,一开始说得很不清楚,甚至有点语无伦次、乱七八糟,但这是他们努力表达的成果,我们一般都是接受的。慢慢地,孩子就会更流畅表达了。画画也是一种表达方式,我们给孩子看更多美好的东西,他们自然会接受、分析,然后慢慢学会更流畅地表达画面的内容。

考级是检验学画成果的最好方式吗?

不是的!

有一位家长问我,学画画最终是不是要用考级来证明我们"学过",我苦笑。考级是最机械的方式,会让孩子过分关注最后的成品和技巧,而不是内心的表达。艺术很难用一种标准去衡量,绘画本身是一种表达,也是思维能力的体现,需要艺术修养和审美经验的沉淀。

考级是社会化的考试,对孩子升学是没有太大帮助的。孩子喜爱绘画，把自己的情感、情绪和想法在画面中表现出来，就是最好的成果。如果想要给孩子一个绘画目标，可以让孩子参加一些有含金量的赛事，一般这类赛事会有创作主题，能让孩子有目标地创作。在参赛过程中可以看到其他人的作品，也是一个交流学习的过程。如果孩子获奖了，这种正向反馈是好过任何物质奖励的。

要把孩子所有的作品都保存起来吗？

可以，但不是必须。

首先我们要尊重孩子的作品，千万不要当面处理掉孩子的作品，这会让孩子的信心大受打击。那是不是要把孩子所有的作品都保存起来呢？

个人觉得可以视情况而言，如果是孩子比较珍视和喜欢的作品，我们也要同样珍视，甚至把它们展示出来。展示的这些作品一定得是孩子自己最喜欢的、最满意的，而不是家长评定的"好作品"；展示的作品应是流动的，在我们的展示区域，新的作品可以替换之前的。这样做的目的是不让孩子过度关注自己的成品是否取悦了家长，而是自己是否满意，并且了解到自己是可以进步的，下一次可以比之前的更好。

如果是孩子随手的练习或者是孩子不太在意的作品，我们可以把它们放在一个"暂存区"。如果这些作品很长时间没有被孩子提及，我们就可以偷偷处理掉（对于储存空间不是很宽裕的家庭可以这么做）。

开明的教育就是允许孩子在墙上涂鸦吗？

不是的！

有人说阻止孩子在墙上涂鸦是在打压孩子涂鸦的积极性,开明的家长应该懂得孩子的创造力价值千万,大不了重新粉刷墙。

我认可不要阻止孩子涂鸦,因为涂鸦是孩子释放情绪的重要途径,直接阻止孩子涂鸦会对孩子造成打击和伤害,但是我也不支持让孩子随心所欲地在墙上画画。因为一旦允许孩子在一面墙上画画,他们可能就不分场合、不分墙面地涂鸦,所以也不建议给孩子安排可擦洗的墙。

我们要做的是提前给孩子准备合适的材料和空间,在孩子的涂鸦敏感期,让这些材料和空间及时发挥作用。他们有了足够多的材料释放情绪和探索绘画的乐趣,自然就不会在墙上涂鸦了。

很多把家里画得乱七八糟的孩子,更多的情况是情绪无处释放、得不到及时释放,作为家长应该反思一下。

画得像就是画得好?

不是的!

这是很多非专业的家长容易有的误区,尤其是老年长辈们,常有这样的判断标准,因为他们不知道用什么标准判断孩子画得好还是不好。

"这幅画看起来一点都不像",恐怕是最打击孩子的评价了。或许在大人的视角,孩子的画作并不逼真,但这绝不意味着在孩子自己的眼中也是如此。外在的相似度并不能代表孩子内心和情感世界的真实。

孩子的画作是他们所感受到的事物最纯粹、最直接的展现,这种真挚的表达方式才是最珍贵的。将"画得像"这种评价标准强加给孩子的话,孩子容易变得沮丧、焦虑,以至于失去绘画的兴趣和信心。

除此之外，很多艺术教育学家的观点都是不要过早地教孩子画形象，画得越像对小孩子的创造力越有害。鸟居昭美在他的著作《培养孩子从画画开始》里提到，教小孩子画形象，就像是过早地给孩子戴上有色眼镜，孩子无法用自己的眼睛去看，无法用自己的语言去说，无法概括自己的想法。这样其实就违背了我们让孩子学画画的初衷了。

学画画可以从填色练习开始吗？

这是一个非常有害的误区！请务必避免一开始就让孩子进行填色画练习，尤其是那些简笔画的填色练习。

填色练习有一个很大的弊端：它会给孩子的涂鸦设定一个个极为狭窄的框架，再加上大人常常以不涂出界为评判标准，这使得孩子在填色时变得缩手缩脚，不敢自由发挥，只能小心翼翼地涂画。这样一来，填色练习就变成了一种机械的、讨好大人的行为，不仅完全违背了让孩子涂鸦的初衷，也让孩子失去了涂鸦的乐趣。

给简笔画填色的弊端比其他填色练习更大，因为简笔画和形象画是一样的，容易让孩子记住事物简单的特征，记住事物既定的形象，却忽视了对生活中真实事物的深入观察和感知。这种做法对于孩子的观察能力、好奇心和想象力来说，无疑是隐形伤害。更糟糕的是，这种简化的涂色方式会让孩子逐渐失去探索自己独特绘画语言的机会，他们不再努力用自己的视角和方式描绘世界，而是选择直接照搬简笔画的形象。这样的绘画作品虽然可能看起来整洁规范，但却失去了孩子应有的灵性和创造力，对他们的艺术成长是不利的。

孩子亦是父母最好的美育老师

我花了四年时间画得像拉斐尔一样,但用一生的时间,才能像孩子一样画画。

——毕加索

我始终相信,孩子是天生的艺术家。他们握着的笔,描画出的不仅仅是线条和色彩,更是他们内心最纯真的世界。在这个世界里,没有技巧的枷锁,没有功利的诱惑,只有情感的自由流淌。每一条曲线、每一个圆圈,都是他们喜怒哀乐的直接表达,与事物的相似度无关。这正是名家们所惊叹的童真童趣,也是他们难以模仿的未经雕琢的本真。

相比之下,大人的思维受到太多因素的影响了。在创作时,我们总会不自觉地思考:我是否画出了事物的样子?是否符合他人的期待?是否展现了该有的技巧?这些杂念如同迷雾,遮蔽了我们探寻本真的双眼,使我们无法全身心地投入创作。如果我们能够像孩子一样,抛开年龄、身份和技巧的束缚,找回那颗纯真、朴实的童心，我们就能更加真实地表达自己，创作出触动人心的作品。

因此，从某种程度上说，孩子也是父母最好的美育老师。他们教会我们如何用纯真的心灵感受世界，如何用无邪的双眼发现美。在孩子的身上，我们看到了美的本质：它不在于技巧的华丽，而在于心灵的纯粹和真挚。让我们向孩子学习，用一颗纯真的心感受生活，创造注入自己独特灵魂的作品！

孩子的美在于心，而不在于技。

在我看来，没有艺术基础的家长更容易转化视角，不被技巧遮蔽双眼，而更接近孩子的心境。我们可以尝试将孩子视作我们的导师，跟着孩子更纯粹地感受生命和生活。

这本书写到最后的时候，我家的孩子马上就要放寒假了，家长群里面都在讨论给孩子报个兴趣班打发时间，有很多家长都想着送孩子去学画画。大家也不是说期待孩子成为艺术家，不过是想着打发时间之余能够让孩子增加点技能。我真的特别想在群里面振臂高呼："不要啊！"孩子还在上小班呀，正是自由涂鸦的好时机。如果美术机构遵循孩子的天性让他们随便涂鸦，家长会不会觉得这个学费出得不值？如果美术机构不让孩子自由涂鸦，而是给出规定的颜色、固定的流程、一样的成品，孩子的天性和创造力都被打压了，是不是更不值呢？

我相信，读到这里的家长，已经深刻认识到家庭美育的重要性了。我写这本书的初衷，就是希望能够帮助更多的家长转变观念：我们并不需要具备很专业的艺术背景或技巧，只要陪伴孩子，和孩子一起发现美，就能和他们一同感受到艺术带来的幸福与力量。

在时光的长河中，我们都是那小小的探索者，怀揣着对世界的好奇与梦想。曾经，我们也是小孩，用纯真的双眼注视这个五彩斑斓的世界。如今，我们成为父母，带孩子感受这个世界上的善意和美，是我们作为父母能给孩子最好的礼物。

愿这本书能够给你一点点帮助和启发。

最后，感谢我的家人对我写作给予全方位、无条件的支持，感谢我的孩子小白羊——本书照片里那个探索艺术世界的小女孩，她的到来让我更加爱这个世界，因为她让我感受到世界上最炽热的爱和美。我期待和她共同发现更多的美，希望她感觉来到这个世界是幸福的，也愿这份幸福伴随她的一生。

瑾希

2024 年 1 月 4 日